inhalt

vorwort

Am 30. Mai 1986 hat der Fachbereich Sprache, Literatur, Medien der Universität Osnabrück Herrn Dr. Robert M.W. Kempner die Würde eines Doktors der Philosophie ehrenhalber verliehen und damit einen der zahlreichen durch das Dritte Reich exilierten Deutschen in seinem 87. Lebensjahr besonders geehrt, einen Menschen, der als Jurist zeitlebens gegen Unrecht und Verletzung der Menschenwürde gekämpft hat.

Sein Leben und Werk ist Bestandteil einer politischen Kultur in der Bundesrepublik Deutschland geworden, die nicht bereit war und ist, über die schlimme deutsche Vergangenheit zur Tagesordnung überzugehen.

Ein philologischer Fachbereich ehrt einen Juristen als herausragenden Publizisten, Historiker und Sachbuchautor. Das ist ein besonderes Ereignis, macht es doch deutlich, daß die wissenschaftliche Beschäftigung mit Sprache und Literatur stets konkreter Beitrag zu gesellschaftlicher Gestaltung unserer Gegenwart ist. Robert Kempners Schriften und sein öffentliches Handeln sind vorbildlich für Studierende und Lehrende unserer Universität.

Nach der Verleihung der Ehrendoktorwürde an Heinz Brandt am 12. Dezember 1984 ist dies die zweite Ehrenpromotion des Fachbereichs Sprache, Literatur, Medien, der damit den eingeschlagenen Weg konsequent weitergeht, erlebte deutsche Geschichte durch die Geehrten als integralen Bestandteil in die Zielsetzungen seines wissenschaftlichen Arbeitens aufzunehmen.

Zum akademischen Festakt für Robert M.W. Kempner waren viele Angehörige und Freunde der Hochschule gekommen. Zahlreiche Repräsentanten aus Politik, Kultur und Verwaltung waren erschienen, um den zu Ehrenden ihre Referenz zu erweisen und ihre Verbundenheit mit der noch jungen Universität Osnabrück zum Ausdruck zu bringen.

Für den Fachbereich und die Universität war dieser Festakt ein herausragendes Ereignis. In der Person des Geehrten liegt eine Akzentuierung, welche die Universität Osnabrück gerne auch auf sich als Ganzes beziehen möchte: konsequentes Eintreten für Humanität und unbeirrbares Rechtsempfinden in der Wissenschaft wie in der Gesellschaft.

Wir hoffen, daß Robert M.W. Kempner mit der Universität über weitere fruchtbare Jahre verbunden bleibt.

Prof. Dr. M. Horstmann

begründung

Gemäß § 1a der Promotionsordnung des Fachbereichs Sprache, Literatur, Medien der Universität Osnabrück verleiht der Fachbereichsrat Herrn Dr. Robert M.W. Kempner den Doktorgrad ehrenhalber.

Begründung:

Robert M.W. Kempner hat sich durch unermüdlichen und vorbildlichen Einsatz um die Anwendung und Durchsetzung von in einem konsequenten Humanismus begründeten Rechtsnormen und von rechtsstaatlichen Verfahren im Umgang mit Handlungsträgern und Opfern der deutschen Geschichte dieses Jahrhunderts national und international anerkannte große Verdienste erworben. Dr. Kempner hat sich jederzeit entschieden und unerschrocken für demokratische Rechtsstaatlichkeit auf deutschem Boden in der Zeit der Weimarer Republik, in der Zeit seines Exils in den USA sowie in der Bundesrepublik Deutschland eingesetzt.

Der Fachbereich Sprache, Literatur, Medien ehrt Robert M.W. Kempner durch die Verleihung des Ehrendoktors der Philosophie für seine herausragende journalistisch-dokumentarische und literarische Tätigkeit, mit der er in rational-aufklärerischer Weise, an breite Leserschichten gewendet, für Aufarbeitung und öffentliche Diskussion faschistischer und vom Faschismus begünstigter Verbrechen in maßgeblicher Weise beigetragen hat. Besonders in der Phase der Entwicklung der Bundesrepublik in der Nachkriegszeit hat er die Mißachtung humaner Rechtsnormen in Vergangenheit und Gegenwart kritisch analysiert und engagiert Stellung genommen. Noch heute erhebt er sein mahnendes Wort in der Frage der Vergangenheitsbewältigung und trägt durch sein Handeln dazu bei, daß Unrecht aus der deutschen Vergangenheit nicht in Vergessenheit gerät.

Für die Ehrung durch den Fachbereich Sprache, Literatur und Medien sind insbesondere bedeutsam:

– seine kämpferischen Schriften für den Erhalt der Weimarer Demokratie gegen die aufkommenden Verbrecher-Organisationen der Nationalsozialisten,

– seine journalistischen Arbeiten und Sachbücher über die Nürnberger Kriegsverbrecherprozesse,

– seine Arbeiten über die Judenverfolgung und die Schicksale anderer Nazi-Opfer im Dritten Reich,

– seine zeitgeschichtlich hochinformative, einen mutigen und aufrichtigen Lebensweg dokumentierende Autobiographie "Ankläger einer Epoche. Lebenserinnerungen".

Robert M.W. Kempner ist als hervorragender Journalist, Publizist und Sachbuchautor ein maßgeblicher Vertreter der durch die Nazis exilierten Deutschen, die in der Nachkriegszeit aktiv die politische Kultur in der Bundesrepublik Deutschland mitgeprägt haben.

Einstimmiger Beschluß des FB Sprache, Literatur, Medien am 16.4.1986

(Prof. Dr. Wolfgang Asholt)

Der Fachbereich
Sprache, Literatur, Medien
der Universität Osnabrück

verleiht

Herrn Dr. jur. Prof. h.c.

Robert M.W. Kempner

den Grad und die Würde eines

Doktors der Philosophie

ehrenhalber

Der Fachbereich ehrt in Robert M.W. Kempner einen hervorragenden Juristen, Historiker, Publizisten und Sachbuchautor, einen maßgeblichen Vertreter der durch das Dritte Reich exilierten Deutschen, einen Mann, der sich stets kompromißlos gegen das Unrecht gestellt und die politische Kultur in der Bundesrepublik Deutschland aktiv mitgeprägt hat.
Robert M.W. Kempner hat sich in seinen Schriften und in seinem Handeln unermüdlich und unbeirrt für die Durchsetzung von humanen Rechtsnormen und rechtstaatlichen Verfahren im Umgang mit Tätern und Opfern des Nationalsozialismus eingesetzt.
Seine literarische, journalistische und dokumentarische Tätigkeit wendet sich an eine breite Öffentlichkeit und gegen das Vergessen; sie trägt dadurch wesentlich zur Aufarbeitung von schlimmer Vergangenheit bei.

Osnabrück, 30. Mai 1986

Der Dekan

Prof. Dr. Wolfgang Asholt

begrüssung

professor dr. manfred horstmann

präsident

H ochverehrter Herr Kempner,
Herr Dekan,
meine sehr geehrten Damen und Herren,

ich begrüße Sie im Namen der Universität sehr herzlich zu der heutigen akademischen Feierstunde aus Anlaß der Verleihung der Ehrendoktorwürde an Herrn Dr. jur. Prof. h.c. Robert Kempner.

Ich freue mich, daß nicht nur viele Angehörige unserer Hochschule, sonden auch zahlreiche auswärtige und prominente Gäste, Repräsentanten aus Stadt und Region, aus dem politischen und kulturellen Bereich unserer Einladung gefolgt sind.

Ich möchte Ihnen, die Sie an dieser Feierstunde teilnehmen, herzlichen Dank sagen. Sie erweisen mit Ihrer Teilnahme vor allem Herrn Dr. Kempner, der heute durch die Universität Osnabrück geehrt wird, Ihre persönliche Referenz.

Lieber Herr Dr. Kempner, die Verleihung der Ehrendoktorwürde an Sie ist die zweite Ehrenpromotion durch den Fachbereich Sprache, Literatur, Medien unserer Universität. Vor etwa 1 1/2 Jahren, im Dezember 1984, wurde Heinz Brandt, der im Januar dieses Jahres leider verstorben ist, für seine publizistischen und literarischen Arbeiten, vor allem für seine Autobiographie, mit der Ehrendoktorwürde ausgezeichnet.

Mit der Verleihung der Ehrendoktorwürde an Sie, Herr Dr. Kempner, wollen wir ebenfalls Ihr literarisch-publizistisches Lebenswerk auszeichnen. Sie haben sich in Ihren Schriften und Dokumenten, aber auch in Ihrem persönlichen Handeln, unermüdlich, unerbittlich und unbeirrbar für Demokratie und Menschenwürde, für die Durchsetzung humaner Rechtsauffassungen eingesetzt.

So verschieden die Lebenswege von Ihnen und Heinz Brandt gewesen sind, beide sind geprägt durch den kompromißlosen und aufrechten Kampf gegen Willkürherrschaft jeglicher Art, vor allem gegen den nationalsozialistischen Unrechtsstaat.

Diesen Kampf haben Sie, Herr Dr. Kempner, mit ganzer Kraft und hohem persönlichen Risiko geführt. Sie sahen schon lange vor 1933 das Unheil heraufziehen, das Deutschland und die Welt treffen würde, und haben sich deshalb schon früh gegen die Nationalsozialisten gestellt. Dieser Mut kostete Sie bereits im Februar 1933 Ihre Stellung, 1935 wurden Sie inhaftiert. Als Sie Deutschland verlassen mußten, wurde Ihnen die deutsche Staatsbürgerschaft genommen. In Ihrem Kampf gegen den Unrechtsstaat und gegen die Verletzung der Menschenrechte haben Sie auch im Exil nicht nachgelassen.

Ihr Lebensweg, Herr Kempner, auf dem Sie dieses ganze Jahrhundert durchschritten haben, war ein gradliniger Weg. Ihren Prinzipien sind Sie trotz aller Schwierigkeiten immer treu geblieben.

So sind Sie in Ihrem langen Leben nicht nur ein Zeuge, sondern auch ein Ankläger dieser Epoche geworden.

Ihren Lebenserinnerungen, die im Jahre 1983 unter dem Titel "Ankläger einer Epoche" erschienen sind, haben Sie die Sätze vorangestellt: "Dieses Buch ist das Resultat eines Lebens, so alt wie dieses Jahrhundert. Den Nachgeborenen diese Epoche zu erklären, ist eine fast unlösbare Aufgabe."

In der Tat stehen viele junge Menschen, zum Teil aber auch Angehörige der älteren Generation, noch heute ratlos vor der Frage, warum und wie es im einzelnen zu diesem Unrechtssystem der Nationalsozialisten gekommen ist, das alle Institutionen, auch die Universitäten, bis in die letzten Verästelungen durchdrungen hat. Und viele lassen die Frage, was man zur Verhinderung dieses Unrechtstaates hätte tun können, unbeantwortet.

Wo geschichtliche Ereignisse nur schwer erklärbar sind, wo die eigene geschichtliche Vergangenheit unangenehm ist oder wo man sich vor geschichtlicher Verantwortung drücken will, entstehen leicht Verdrängungen. Dieses zu verhindern, vielmehr aus der dunklen Epoche unserer Geschichte Lehren zu ziehen, ist auch eine Aufgabe der Universitäten. Sie war und ist ohne einen Veränderungs- und Neuorientierungsprozeß der Hochschulen nicht möglich.

Die Universität von heute gerät unter dem Massenandrang der Studierenden, in der öffentlichen Diskussion und nicht zuletzt unter dem massiven Einfluß politischer Vorgaben immer stärker in die Rolle einer Ausbildungsinstitution für Berufe und Berufsfelder. Immer mehr gerät in den Hintergrund, daß die Universitäten, zur Förderung der Wissenschaft verpflichtet, auch einen Bildungs- und Erziehungsauftrag besitzen.

Bildung durch Wissenschaft ist vor allem eine Erziehung zur Wahrheit und zur Wahrhaftigkeit, denn die Wissenschaft ist zu allererst und ohne Einschränkung der Wahrheit verpflichtet.

Moralische Grundsätze und wertorientierte Überzeugungen können nur begrenzt durch Wissenschaft erworben und vermittelt werden. Es gibt in den letzten Fragen keine besondere und erst recht keine höhere Moral der Wissenschaft als die der Allgemeinheit. Dennoch trägt die Wissenschaft gerade bei den schwierigen moralischen Fragen und Entscheidungen, die durch den Prozeß der Wissenschaft erst aufgeworfen oder aktuell geworden sind - denken Sie etwa an Fragen der medizinischen Ethik, an Folgen der rasanten technologischen Entwicklung und an das Problem der politischen Beherrschung unserer immer fürchterlicher werdenden Vernichtungspotentiale - eine besondere Verantwortung. Ihre besondere Pflicht ist es, solche Fragen und Entscheidungen so weit rational aufzuarbeiten und vorzubereiten, als sie mit den Mitteln der Wissenschaft zugänglich sind.

10

Bildung durch Wissenschaft bedeutet in diesem Zusammenhang vor allem Pflege und Verteidigung wissenschaftlicher Tugenden. Hierzu gehören Sachlichkeit, Hingabe an den Gegenstand, besonnenes Abwägen, Aufsuchen der entgegengesetzten Möglichkeiten, Selbstkritik, Vorsicht im endgültigen Behaupten, das Prüfen der Grenzen und der Art der Geltung unserer Behauptungen, das Verstehen, das Mitdenken auf dem Standpunkt eines anderen. Entscheidend für Bildung und Erziehung ist dabei aber auch das Vorbild. Wer diese Tugenden verinnerlicht hat, wird sie auch weiterreichen können an die nachwachsende Generation. Das vorgelebte Beispiel ist prägender als jede nachgelesene Belehrung. Diese Forderung nach dem Vorbild richtet sich in der Universität natürlich zunächst einmal an den Hochschullehrer. Er sollte diese Eigenschaften und charakteristischen Merkmale besitzen und vermitteln können. Zu seiner Vorbildfunktion sollte auch gehören, daß er den Mut hat, Stellung zu nehmen und zu bekennen, auch dort, wo er die Grenze seiner Wissenschaft erreicht.

Wenn aber die Universität im Sinne dieses Bildungsauftrages der jungen Generation auch Vorbilder zeigen muß, dann, meine ich, sollte sie auch herausragende Vorbilder in besonderer Weise ehren.

Deshalb, sehr geehrter Herr Kempner, möchten wir mit dieser Ehrenpromotion Ihr Lebenswerk auszeichnen, zugleich aber auch der studentischen Generation deutlich machen, worin das Vorbildliche Ihrer Persönlichkeit liegt, was verantwortliches Handeln bedeutet, aber auch begreiflich machen, welchen hohen Wert ein demokratischer Rechtsstaat für uns besitzt und wie leicht er zerstörbar ist.

Sie haben für Ihr reiches Lebenswerk als Jurist und als politisch-literarischer Publizist schon viele Ehrungen erhalten. Sie sind Inhaber der Carl-von-Ossietzky-Medaille, der hessischen Wilhelm-Leuschner-Medaille. Vom Bundespräsidenten wurde Ihnen das Schulterband zum Großen Bundesverdienstkreuz mit Stern verliehen. Angesichts dieser vielen Auszeichnungen möchte ich im Namen der Universität zum Ausdruck bringen, daß wir es uns als Ehre anrechnen, daß Sie, hochverehrter Herr Dr. Kempner, die Ehrendoktorwürde unserer Hochschule annehmen wollen.

Ich möchte Ihnen zum Abschluß zur Verleihung dieser Ehrendoktorwürde sehr herzlich gratulieren und verbinde dies mit dem Wunsch, daß Ihnen in Ihrem hohen Alter noch die Kraft und die Gesundheit für weiteres intensives Schaffen vergönnt sein möge.

professor dr.
wolfgang asholt
überreicht
robert m.w. kempner
die urkunde

begrüssung

W enn ein philologischer Fachbereich einen Juristen ehrt, so mag dies erstaunen. Doch da es sich um einen Juristen wie Robert Kempner handelt, halten wir dies für mehr als angemessen. In der Begründung des Fachbereichsrates wird die "rational-aufklärerische Weise" betont, mit der sich der "Journalist, Publizist und Sachbuchautor" an "breite Leserschichten", d.h. die öffentliche Meinung wendet, und damit steht Kempner in der Tat in einer Tradition, die, dem Romanisten sei es verziehen, in anderen Ländern selbstverständlich der Literatur zugerechnet wird. Wenn Kempner in seinen Erinnerungen feststellt, "Ich halte mich an die Grundsätze des internationalen Rechts", und dies mit der bekannten Konsequenz, so entspricht er der Antwort Voltaires auf die Frage "Was nennen Sie gerecht und ungerecht?", nämlich: "Das was dem ganzen Universum so erscheint" (Catéchisme chinois). Seit der französischen Aufklärung ist dies ein Anliegen, das nicht nur in Gesetzen oder Urteilen, sondern ebenso in Essays, Streitschriften und sogenannten Sachbüchern, d.h. in der Literatur, seinen angestammten Platz gefunden hat. So darf ich Sie im Namen des Fachbereichs Sprache, Literatur, Medien zu einer Zeit, die das aufklärerisch-rationale Erbe glaubt in Frage stellen zu müssen, umso herzlicher zur Ehrung des Schriftstellers Robert Kempner begrüßen.

professor dr. wolfgang asholt

dekan

13

ein advokat für die humanität

laudatio

professor dr. tilman westphalen

S ehr verehrter, lieber Robert Kempner, sehr geehrter Herr Präsident, liebe Gäste!

Einige Jahre nach Beendigung des Nürnberger Prozesses vor dem Internationalen Militärtribunal gegen die so bezeichneten "Hauptkriegsverbrecher der Europäischen Achse" (1945–1946) und der zwölf Folgeprozesse unter Anwendung des Kontrollratsgesetzes Nr.10 durch von den USA eingesetzte Gerichtshöfe (in den Jahren 1945–1949) wird Kempner, eine der treibenden Kräfte dieser Prozesse auf der Seite der Anklagevertretung, in einer öffentlichen Diskussion vor Hunderten von Studierenden in Nürnberg – es geht um die Legitimation der Gerichtsverfahren und Kempners verantwortliche Mitwirkung – gefragt:

> Sind Sie überhaupt Deutscher?

Er antwortete wie folgt:

> Auf Ihre Frage werde ich Ihnen etwas viel Interessanteres erzählen: Ich bin genauso Gefreiter des Ersten Weltkrieges wie Ihr verstorbener Führer. ('Ankläger', S. 368)

Diese Antwort löst in der Veranstaltung Tumulte aus und bezeichnet für uns heute eine bleibende Ratlosigkeit.

Tumulte – weil man wohl glaubt, den "verstorbenen Führer" nicht mehr auf sich beziehen zu müssen und ad acta legen zu können oder vielleicht auch, weil man dem jüdischen Emigranten, der in der Uniform der US–Army in Nürnberg Deutsche angeklagt hat, das Recht streitig machen will, sich auf gemeinsame deutsche Geschichte zu berufen. Fortgeltende Ratlosigkeit auch noch im Jahre 1986, weil die Staatsangehörigkeitsfrage der ausgebürgerten Deutschen immer noch eine schwelende, offene Wunde ist.

Nach dem Ausbürgerungsgesetz vom 14. Juli 1933, ist Reichsangehörigen, die "gegen die Pflicht zur Treue gegen Reich und Volk" verstoßen und sich "im Ausland aufhalten", die Staatsangehörigkeit zu entziehen.

Der Reichsanzeiger bürgert Kempner, der sich "im Ausland aufhält", weil er den Mordabsichten der Gestapo–Häscher rechtzeitig entkommen kann, am 21. Oktober 1938 aus; einen Monat zuvor sind Willy Brandt und drei Monate zuvor Erich Maria Remarque ausgebürgert worden.

Diese Ausbürgerung ist heute noch rechtens, weil das GG in Art. 116 von den Ausgebürgerten einen 'Antrag' auf Wiedereinbürgerung verlangt. In Osnabrück ist der Satz Erich Maria Remarques nicht unbekannt:

> Ich habe keinen Antrag auf Ausbürgerung gestellt, also werde ich auch keinen auf Einbürgerung stellen.

15

Kempner hat seinen Hauptwohnsitz in den USA beibehalten, obgleich er sich 1951 als Anwalt in Frankfurt niedergelassen hat. Also gilt er nach wie vor als rechtmäßig ausgebürgert, nach dem von der Reichsregierung erlassenen Gesetz über die Aberkennung der Staatsangehörigkeit vom 14. Juli 1933.

Weshalb, so müssen wir heute fragen, konnte keine Lösung gefunden werden, die das Unrecht der Ausbürgerungen ohne Wenn und Aber aufhob? Konnte und mußte man es nicht den Ausgebürgerten überlassen, ob sie noch Wert auf die deutsche Staatsbürgerschaft legten?

Robert Maximilian Wassilij Kempner, Bürger der USA, niedergelassener Anwalt in Frankfurt am Main, Ehrenbürger der Universität Jerusalem, wird als Preuße am 17. Oktober 1899 in Freiburg/Breisgau "auf der Durchreise" nach Berlin geboren, wo seine Eltern Lydia Rabinowitsch-Kempner und Walter Kempner als Bakteriologen am Robert-Koch-Institut tätig sind. Robert Koch, der Entdecker des Tuberkel-Bazillus, ist sein Patenonkel und bringt ihm das Drachenfliegen bei.

Die Mutter, in Rußland geboren, aus dem litauisch-jüdischen Großbürgertum stammend, wird 1912 von Wilhelm II. zur ersten weiblichen Professorin in Preußen ernannt. Später übernimmt sie die Direktorenstelle des bakteriologischen Instituts am Krankenhaus Berlin-Moabit. Sie stirbt 1935, nachdem man sie wenige Wochen nach der "Machtübernahme" aus dem Amte gejagt und ihr einige Monate später die Redation der 'Zeitschrift für Tuberkolose' weggenommen hat. Ein Arzt, ein Nicht-Nazi, übernimmt, auf Weisung von oben, fraglos ohne Sträuben, das Lebenswerk der Lydia Rabinowitsch.

Alltagsverhalten im Dritten Reich, ohne Zwang, ohne Gefahr für Leib und Leben. Nur so, weil es der Karriere dient. Alltäglicher Faschismus.

Alle jüdichen Verwandten von Lydia Rabinowitsch werden im 2. Weltkrieg durch Einsatzgruppen in Litauen ermordet.

Robert Kempner wächst in Berlin-Lichterfelde auf, besucht das Schiller-Gymnasium. Dort erlebt er die ersten antisemitischen Anpöbeleien. Als er einem Mitschüler, der blutet, ein Pflaster anbietet, lautet die Antwort:

> Ich verblute lieber, als das ich ein Pflaster von einem Juden nehme.
> ('Ankläger', S. 28)

Mit 17 macht Kempner das Notabitur und geht mit einem "gewissen Patriotismus" ('Ankläger', S. 23) freiwillig zum Gardeschützenbataillon, das in Lichterfelde sein Hauptquartier hat. So wird er noch "Gefreiter des Ersten Weltkrieges wie der verstorbene Führer". Er erhält das Eiserne Kreuz zweiter Klasse und später das Verdienstkreuz für Frontkämpfer. Kurzfristig wird er nach Kriegsende Soldatenrat bei den Gardeschützen.

Das Elternhaus ist großbürgerlich-liberal, mit Sympathien für die SPD, die Mutter ist aktiv in der Frauenrechtsbewegung.

Robert Kempner studiert Rechtswissenschaft in Berlin, Breslau und Freiburg und ist überzeugt, daß nun ein "republikanisch-demokratischer Staat geschaffen werden müsse." Aber, so erinnert er sich, "die Masse der Studenten war absolut rechts, rechtsradikal."

Nach dem Referendar-Examen arbeitet er von 1923-1926 parallel zu seiner Assessorenausbildung am Kammergericht bei dem berühmten Berliner Verteidiger Dr. Erich Frey, der alles vertritt, "was gut und teuer" ist. ('Ankläger', S. 32) Hier lernt er das juristische Handwerk von Grund auf und erkennt früh die Grenzen und Möglichkeiten juristischen Handelns. Kempner faßt das in dem Satz zusammen:

> Die Justiz ist auch nicht dazu da, ein Paradies zu schaffen, sie kann doch nur begrenzte Regeln aufstellen. ('Ankläger', S. 36)

Diese Regeln im progressiven Sinne weiterzuentwickeln, sie optimal zu nutzen zur Durchsetzung von humanen Rechtsnormen auf der Grundlage der Menschenrechte und von rechtsstaatlichen Verfahren zum Nutzen einer republikanisch verfaßten und demokratischen Gesellschaft und zur Abwehr ihrer Gegner, sollte Kempners Lebensaufgabe als Jurist, Schriftsteller und Publizist werden.

1926 geht Kempner als Assessor zur Berliner Staatsanwaltschaft. Er hat, wie er es nüchtern und unpathetisch ausdrückt,

> ein Interesse an dieser neuen Republik und dachte, innerhalb gerichtlicher oder beamteter Stellungen, politisch 'was schaffen zu können'. ('Ankläger', S. 43)

Schon ab 1923 ist Kempner journalistisch tätig. Er läßt sich von Franz Ullstein für die 'Vossische Zeitung' nach Albanien schicken, um über den neuentstandenen Balkanstaat unter dem als König eingesetzten deutschen Fürsten zur Wied zu berichten. Regelmäßig schreibt er über politische und juristische Themen für die 'Vossische Zeitung' und die 'Berliner Morgenpost', beides Blätter des Ullsteinverlages, später regelmäßig auch in der 'Berliner Zeitung am Mittag' über Verwaltung, Justiz, Politik und Sozialversicherung. Selbst in der 'Zeitschrift für Tuberkolose', redigiert von seiner Mutter, veröffentlicht er Buchreferate über Sozialrecht.

Im 'Tagebuch', herausgegeben von Stefan Großmann und Leopold Schwarzschild, einem liberalen Periodikum für Kultur, Literatur und Politik, schreibt er unter dem Pseudonym "Ein Richter" politisch engagierte Berichte und Kommentare zur aktuellen Rechtspolitik sowie zu laufenden Prozessen. Einer der Beiträge heißt: "Kein neues Strafgesetz, neue Richter sind nötig" (18.07.1925)

Programmatischer erklärt er im Vorspann dieses Artikels:

> Die Schrecken unserer Justiz, ihre Grausamkeit wie ihre oft kaum verschleierte Parteilichkeit machen es nötig, in einer Chronik die abscheulichsten Fehl-Urteile allwöchentlich festzustellen.

Der Hauptvorwurf lautet, daß die Strafrechtspraxis "nicht im Sinne des Humanitätsgedankens" ausgeübt wird.

Weitere Themen Kempners sind Kunstfreiheit, Gotteslästerung, politische Zensur etc.

Ab 1925 erscheint 'Die Justiz. Monatsschrift für die Erneuerung deutschen Rechtswesens', heraugegeben u.a. von Gustav Radbruch und Hugo Sinsheimer. 'Die Justiz' ist zugleich das Organ des Republikanischen Richterbundes, der "von SPD-Leuten, Zentrums-Leuten und Liberalen" gegründet wird als Gegenkraft zum konservativen Deutschen Richterbund, wo, ich zitiere Kempner, "die älteren Herren drinsaßen". Kempner wird später Vorstandsmitglied, das jüngste in Berlin.

Seine Beiträge in 'Die Justiz' erscheinen unter dem Pseudonym PROCURATOR, wohl zu deuten als 'Sachwalter' oder 'Stellvertreter' der republikanischen Justizgesinnung, die in der Weimarer Republik zunehmend unter die Räder gerät.

Ständig weist PROCURATOR auf die bevorstehende gewaltsame Zerstörung der Republik durch die Nazis hin und wendet sich gegen die verantwortungslose Verharmlosung als nur "wilde Sprüche".

So fordert er das Einschreiten der Reichsanwaltschaft gegen das berüchtigte Zitat aus den 'Nationalsozialistischen Briefen':

> Köpfe werden in diesem Kampf in den Sand rollen, entweder die unseren oder die anderen. Also sorgen wir dafür, daß die anderen rollen.

Nach dem Hochverratsprozeß gegen die Ulmer Reichswehroffiziere 1930 geißelt PROCURATOR, inzwischen Beamter im Preußischen Innenministerium, die beeidete Zeugenaussage Hitlers als Meineid. Originalton Hitler:

> Wenn unsere Bewegung siegt, dann wird ein neuer Staatsgerichtshof zusammentreten und vor diesem soll dann das Novemberverbrechen von 1918 seine Sühne finden. Dann allerdings werden auch Köpfe in den Sand rollen.

Kempners Urteilsschelte stellt die wohlwollende Beflissenheit des Reichsgerichts bloß, wenn es feststellt:

> Hitler habe den nationalsozialistischen Staatsgerichtshof im Auge gehabt, der nach Erringung der Gewalt auf 'legalem Wege' seines Amtes walten werde.

Kempner schreibt auch in der 'Weltbühne' und in dem sozialdemokratischen Magazin 'Das freie Wort'. Er kämpft unermüdlich für die Weimarer Republik. Gleichzeitig arbeitet er in juristisch-publizistischen Fragen mit dem Ullstein-Verlag zusammen.

Auf Vorschlag Carl von Ossietzkys hilft er ehrenamtlich, eine Rechtsstelle der Liga für Menschenrechte aufzubauen. Die prominentesten Mitglieder neben Ossietzky sind u.a. Albert Einstein und die Fürstin Lichnowsky. Bis 1933 geht er regelmäßig ins Büro der Liga und bearbeitet anliegende Fälle. 1933 verbrennt er dann rechtzeitig die Mitgliederlisten, um den Nazis die Verfolgung zu erschweren.

Schon 1928 wird der preußische Innenminister Albert Grzesinski (später Polizeipräsident von Berlin) auf den jungen, streitbaren Juristen aufmerksam und holt ihn in sein Ministerium. Ministerialdirektor Dr. Erich Klausener, Zentrumsmitglied und Vorsitzender der katholischen Aktion Berlin-Brandenburg, später am 30. Juni 1934 beim sogenannten "Röhm-Putsch" mitermordet, macht Kempner zum Justitiar der Polizeiabteilung, eine außergewöhnliche Vertrauensposition für den nicht einmal Dreißigjährigen. In dieser Eigenschaft wirkt Kempner maßgeblich an der Preußischen Denkschrift von 1930 mit, die den Titel trägt 'Die NSDAP als staats- und republikfeindliche hochverräterische Verbindung.'

Kempner hat die Denkschrift mit einer den historischen Kontext erläuternden Einleitung 1983 als Ullstein-Taschenbuch unter dem Titel 'Der verpaßte Nazi-Stopp' herausgegeben. Die Denkschrift ist eine hervorragende Dokumentation von programmatischen Äußerungen und konkreten Handlungen der NSDAP, aus denen die Absicht der Liquidierung der Weimarer Republik zweifelsfrei hervorgeht. Sie hätte unbedingt zum Verbot der NSDAP als republikfeindliche Verbindung im Sinne des Republikschutzgesetzes führen müssen.

Aber Reichskanzler Brüning zögert und taktiert. Reichsanwalt Werner, ein verdeckter Nazi, verschleppt die Ermittlungen. PROCURATOR veröffentlicht das hierzu wesentliche Material unter dem Titel "Vorhaltungen an die Oberreichsanwaltschaft zwecks Strafverfolgung und Ausweisung Adolf Hitlers", und die Liga für Menschenrechte setzt vom Dezember 1930 bis Juni 1931 mehrfach nach. Die letzte Antwort des Reichsanwaltes vom Juli 1931: die "schwebenden Ermittlungen sind auch jetzt noch nicht völlig abgeschlossen."

Der Preußische Ministerpräsident Otto Braun macht am 04. März 1932 einen erneuten Vorstoß zur Rettung der Weimarer Republik, diesmal mit einer wesentlich erweiterten Denkschrift. Brüning wünscht keine Antwort auf diesen Brief, wie Kempner aus einer Bemerkung auf dem im Bundesarchiv erhaltenen Brief belegt.

Am 01. Juni 1932 wird Franz von Papen zum Reichskanzler ernannt, der am 20. Juli die Preußische Regierung Otto Braun durch Notverordnung absetzt.

Im März 1932 veröffentlicht Kempner unter dem Pseudonym "Eike von Repkow" seine Schrift 'Justiz-Dämmerung. Auftakt zum Dritten Reich', in der das Material gegen die Nazis mit dokumentarischer Genauigkeit und in erdrückender Fülle gesammelt ist, von den Fememordprozessen bis zu den 1931 entdeckten "Boxheimer Dokumenten", in denen die gewaltsame Beseitigung der führenden Persönlichkeiten der Weimarer Republik gefordert wird.

Aus den Boxheimer Dokumenten zitiere ich eine Passage nach 'Justiz-Dämmerung' (S. 114):

Befehl I: Die Todesstrafe für Widerstand gegen SA-Befehle. Erschießung auf der Stelle für unbefugten Waffenbesitz. Todesstrafe für Widerstand und Streik. Todesstrafe für Übertretungen der Notverordnungen.

In der Rückerinnerung seiner Autobiographie heißt es bei Kempner:

Alles zerfiel, wie in der Götterdämmerung die Götter, so in der Justizdämmerung die Justiz. ('Ankläger', S. 81)

"Eike von Repkow" sagte in der Einleitung voraus:

Die deutsche Justiz soll in ihrer Unabhängigkeit zertrümmert werden, um einer abhängigen blutigen SA-Justiz zu weichen. (S. 8)

Und über die Rolle zukünftiger Richter heißt es prophetisch:

Die Nationalsozialisten und ihre Handlanger wünschen nur willenlose, in Roben gehüllte Vollstreckungswerkzeuge von SA-Befehlen, Menschen ohne Rechtsempfinden.

Die Schrift endet mit der fett gedruckten Warnung:

"Hemmungslose Mordlust" - das Kennzeichen der Blutjustiz des Dritten Reiches.

'Justiz-Dämmerung' soll viel gelesen worden sein, aber große Teile des Bürgertums und der Hochfinanz taktierten weiter mit Hitler. Nach dem 30.01.1933 kommt die Schrift selbstverständlich auf den Verbotsindex. Aber ihr Verfasser, Robert Kempner, bleibt erstaunlicherweise unentdeckt.

Als Jurist erwirbt sich Kempner besondere Verdienste durch seine intensive Arbeit an dem progressiven Preußischen Polizei-Verwaltungsgesetz vom 01. Juni 1931 und durch den zugehörigen Kommentar, den er zusammen mit Erich Klausener und Christian Kerstiens veröffentlicht.

Fast zehn Jahre wirkt Robert Kempner als Journalist, Publizist und Jurist in der Weimarer Republik. Zäh und listig kämpft er für die Herstellung republikanischer Öffentlichkeit und für den Erhalt der Weimarer Demokratie, versucht sie aus ihrer lähmenden Ohnmacht aufzurütteln, leider vergeblich. In der Rückschau formuliert Kempner:

Es war keine einseitige Machtergreifung (der Nazis), wie immer erzählt wird. Die Machtpreisgabe und die Machtverschleuderung bestand eben darin, daß von großen Kreisen Versuche gemacht wurden, mit den nationalsozialistischen Verbrechern Kompromisse auszuhandeln. Man dachte, man könnte mit diesen Leuten paktieren, weil man nicht begriff, daß mit Verbrechern nicht zu verhandeln ist. ('Ankläger', S. 80)

Als die "Verbrecher" und "Strolche", wie Kempner die Nationalsozialisten ohne jedes Wenn und Aber bezeichnet, endlich das Sagen haben, als, ich zitiere Kempner, "die Ängstlichen, die ihren Job gegen alle erdenklichen Schadensfälle absichern wollten - und die Irrsinnigen, die glaubten, auch mit Verbrechern seien Geschäfte zu machen", die Republik endgültig verspielt hatten, suspendiert Hermann Göring, der neue kommissarische Preußische Innenminister, den Justitiar der Polizeiabteilung am 10. Februar 1933.

Aber da die Kempnerschen Pseudonyme für die Nazis noch nicht gelüftet sind und er als kleines, wenn auch widerborstiges Rädchen in der Maschinerie gilt, darf Kempner als Devisen- und Auswanderungsberater in einem Büro neben dem Palästina-Amt weitermachen. Nach dem "Gesetz zur Wiederherstellung des Berufsbeamtentums" vom 07. April 1933, das den jüdischen Beamten Berufsverbot erteilt und ihre Entlassung verfügt, schreibt Kempner listig auf seinen Fragebogen: "Ich werde Ermittlungen über meine Rasse anstellen". Aber das verzögert nur den endgültigen Rausschmiß als Beamter.

Am 11. März 1935 kidnappt die Gestapo in Basel den Journalisten und Pazifisten Berthold Jacob. In seinem Notizbuch findet sich Kempners Adresse. Am folgenden Tag ergeht "Schutzhaftbefehl" gegen ihn wegen "Hochverrats". Bei der Vernehmung wird ihm zugute gehalten, so berichtet Kempner, daß er in Paris in ganz kleinem Kreis gesagt habe: "Hitler verkörpert die Seele des deutschen Volkes". Welche Ironie!

Und dieser 'Verkörperer der Seele des deutschen Volkes' bewirkt Kempners Freilassung. Denn die Schweiz pocht auf ein deutsch-schweizerisches Abkommen und verlangt eine genaue Untersuchung. Das ist Hitler 1935 im Hinblick auf sein auf Wohlanständigkeit bedachtes Renommée zu kitzlig. "Ich will die Entlassung der Leute", soll er gesagt haben.

Robert Kempner geht nach Italien und arbeitet in Florenz in einem Internat und College für jüdische Kinder, die von ihren deutsch-jüdischen Eltern vorausgeschickt und gezielt im Hinblick auf die zu erwartende Emigration vorbereitet werden.

Der Tod seiner Mutter hat Kempner den Entschluß, Deutschland zu verlassen, erleichtert, und er vermerkt lapidar über seine Gefühle:

> Persönlich habe ich nie gedacht, das 'andere Deutschland' müsse im Lande sein.

Anläßlich des Italien-Besuches Hitlers 1938 wird er erneut für 14 Tage festgesetzt. Danach geht er nach Nizza. 1939 schreibt er an das US-Justizministerium und bietet seine Hilfe an als Experte in Nazifragen für den "kommenden Krieg", insbesondere im Hinblick auf die Auslandsorganisationen der Nazis bei den deutschstämmigen Einwanderern in der USA. Sein "Handwerkszeug" sind sieben Kisten mit Dokumenten über Nazideutschland, die er mitbringt, als er am 01.09.1939, am Tag des Kriegsausbruches, in den USA eintrifft und eine Stellung an der Universität Pennsylvania am Institute for State and Local Government findet. Ab 1940 publiziert Kempner regelmäßig wissenschaftliche Beiträge in juristischen

Fachzeitschriften der USA, hauptsächlich zu Fragen des Verwaltungs- und Verfassungsrechts. Er wird Sonderberater beim US-Justiz- und Kriegsministerium.

Im Januar 1943 verabschieden die gegen die Achsenmächte verbündeten Staaten die Erklärung von St. James, in der Strafrechtsverfahren gegen die Hauptschuldigen durch einen gemeinsamen Gerichtshof der Alliierten vorgesehen werden. Im Oktober 1943 wird mit Hauptsitz in London die International War Crimes Commission, unterstützt von 17 Ländern, eingesetzt. Im US-Justiz- und Kriegsministerium werden entsprechende Abteilungen gebildet. Robert Kempner ist dabei.

Aufgrund der Meldungen und Informationen aus Europa werden 1. begangene Verbrechen möglichst genau erfaßt, 2. Listen von Tätern und möglichen Tätern angelegt.

Die Alliierten verfügen bereits über eine Fülle von Material und ständig wachsende Hinweise aus den Kreisen der Opfer und Zeugen sowie von Oppositionellen des Dritten Reiches.

Aber die Frage des Vorgehens gegenüber den Verbrechern ist heftig umstritten. Churchill und die Engländer vertreten bis März 1945 die Auffassung, die schlimmsten Täter sollten ohne langwierige Prozedur standrechtlich erschossen werden. Die Russen wollen bis zu 50.000 Hauptkriegsverbrecher ohne weitere Verfahren hinrichten lassen, "wenn sie eine bestimmte Stellung innegehabt und auf der Kriegsverbrecherliste genau identifiziert sind".

Roosevelt setzt sich entschieden für einen internationalen Gerichtshof mit Vertretern der Alliierten ein, der auf völkerrechtlicher Grundlage ordentliche Gerichtsverfahren durchführen soll. Kempner unterstützt diese Position mit allem Nachdruck. Er schreibt in seiner Autobiographie:

> Ich habe immer den Standpunkt vertreten, wenn man gegen jemanden vorgeht, dann muß das auf legalem Wege erfolgen. Dafür nehme ich lieber das kleinere Übel inkauf, daß irgendein Verbrecher Polizeipräsident wird. Es gibt ja auch in Friedenszeiten genug Leute, die Posten haben und Verbrecher sind, die man nicht gleich umbringt. ('Ankläger', S. 210)

Ihm geht es letztendlich darum,

> eine große juristische Aktion mitzugestalten und die Steine, die furchtbaren Steine auf dem Wege zu einem neuen Staate zu beseitigen. ('Ankläger', S. 251)

Die USA setzen ihre Position durch, und so wird am 08. August 1945 das Londoner Statut für den internationalen Militärgerichtshof verabschiedet.

Der amerikanische Chef-Ankläger, Justice Jackson, weist zu Prozeßbeginn auf die internationale Verbindlichkeit der gesetzten Maßstäbe auch für das zukünftige Verhalten der Siegernationen nachdrücklich hin:

Dieses Gesetz wird hier zwar zunächst auf deutsche Angreifer angewandt. Es schließt aber ein und muß, wenn es von Nutzen sein soll, den Angriff jeder anderen Nation verdammen, nicht ausgenommen, die, die hier zu Gericht sitzen.

Der renommierte deutsche Völkerrechtler Hermann Jahrreiß formuliert vor dem Nürnberger Tribunal als Aufruf und Mahnung:

Die Vorschriften des Statuts nehmen das Recht eines Weltstaates vorweg. Sie sind revolutionär. Vielleicht gehören ihnen im Hoffen und Sehnen die Zukunft.

Robert Kempner hat sich mit seiner ganzen Lebensarbeit unermüdlich für die Schaffung eines "Völkerstrafrechts", das auch er "revolutionär" nennt, eingesetzt. Er gibt damit der großen Vision einer zunächst utopisch erscheinenden Menschheitshoffnung Ausdruck, von der ausgehend, er aus menschlicher Vernunft und Humanität die zwingend gebotene Frage ableitet:

Warum soll nicht auch der Krieg, die schlimmste aller Mordtaten, durch ein völkerrechtliches Gesetz zu verhindern sein.

Immer wieder spricht er von der "Notwendigkeit eines Weltstrafgerichtshofes". ('Ankläger'. S. 253)

Es geht ihm um die persönliche Verantwortung der politischen und administrativen Eliten aller Nationen für ihre Handlungen, um die Entwicklung eines Maßstabes für die Unterscheidung von Recht und Unrecht, um die Menschenrechte, die über jeder sog. "Staatsnotwendigkeit" zu stehen haben.

Nürnberg war und ist für Kempner nicht das Verfahren irgendeiner Staatsanwaltschaft, schon gar nicht einer "Siegerjustiz":

Es war eine Festung des Glaubens an das Völkerrecht, eine ungeheure juristische und historische Forschungsanstalt.

Im Sinne Kempners:

ein Experimentierfeld für das weiter zu entwickelnde und international durchzusetzende 'Völkerstrafrecht'.

Der IMT-Hauptprozeß und die 12 unter ausschließlicher Ägide der USA durchgeführten Folgeprozesse wie der Ärzte-Prozeß, der Juristen-Prozeß, der Flick-, IG-Farben- und Krupp-Prozeß, der Einsatzgruppen-Prozeß und schließlich der Wilhelm-Straßen-Prozeß, bei dem Kempner als Hauptankläger tätig wird, diese Prozeßserie hat zu einer anatomisch genauen, reich dokumentierten Durchleuchtung des Naziregimes in allen seinen Verästelungen geführt und unschätzbares Material für die historische Forschung gesichert. Ohne Robert Kempner, ausgestattet mit seiner preußischen Ministerialerfahrung, seiner reichen Personenkenntnis der meist schon vor 1933 tätigen Beamten und Nazis, begabt mit enormen Spürsinn und einer Disziplin in der Organisation eines schier unüberschaubaren

Aktenmaterials, ist diese Gesamtdurchleuchtung der im Londoner Statut festgelegten, aus dem Völkerrecht abgeleiteten Straftatbestände, nämlich der Verbrechen gegen den Frieden, der Kriegsverbrechen und der Verbrechen gegen die Menschlichkeit, in der zwölfjährigen Geschichtsepoche des Dritten Reiches kaum vorstellbar. Dies ist ein Bewunderung abnötigendes Team-work, und stellvertretend für die zahllosen Helfer möchte ich einer Dame danken, die damals Sekretärin Robert Kempners in Nürnberg war und heute unter uns weilt, Miss Jane Lester.

Kempner faßt das Ergebnis der Aufräumarbeiten des "Komplexes Nürnberg" wie folgt zusammen:

> 'Nürnberg' ist auch zu einem Meilenstein auf dem dornigen Weg des Völkerrechts und einem Menetekel für Staatsmänner und Politiker geworden. Die Konventionen über die Menschenrechte sowie gegen den Völkermord sind ein beredtes Beispiel für die Ausstrahlungen von Nürnberg, das zu einem völkerrechtlichen Begriff wurde.

Vielleicht kann es als der größte Gewinn von Nürnberg und damit als größter persönlicher Erfolg von Robert Kempner bezeichnet werden, daß Völkerrechtsnormen, auf die sich das Londoner Statut vom 08. August 1945 beruft, Eingang in das Grundgesetz der Bundesrepublik Deutschland gefunden haben. In Artikel 25 heißt es unmißverständlich:

> Die allgemeinen Regeln des Völkerrechts sind Bestandteile des Bundesrechts. Sie gehen den Gesetzen vor und erzeugen Rechte und Pflichten unmittelbar für die Bewohner des Bundesgebietes.

Das "Verbrechen gegen den Frieden" (Angriffskrieg) ist in Artikel 26, Abs. 1 kodifiziert:

> Handlungen, die geeignet sind und in der Absicht vorgenommen werden, das friedliche Zusammenleben der Völker zu stören, insbesondere die Führung eines Angriffskrieges, sind verfassungswidrig. Sie sind unter Strafe zu stellen.

Übergeordnet, im Grundrechtekatalog, in Artikel 1, Abs. 2, bekennt sich das Grundgesetz für das deutsche Volk zu

> unverletzlichen und unveräußerlichen Menschenrechten als Grundlage jeder menschlichen Gemeinschaft, des Friedens und der Gerechtigkeit in der Welt.

Angesichts dieser Auswirkungen auf das Grundgesetz kann Kempner durchaus sagen:

> Dieses vierjährige Nürnberg, dieser Staat Nürnberg, eine Enklave des Völkerrechts, war eine große Hoffnung, den perfekten Verbrecher des 20. Jahrhunderts, den verbrecherischen Staat anzuklagen. ('Ankläger', S. 457)

Aber was ist aus dieser Hoffnung geworden, was konnte aus ihr werden, wenn man daran erinnern muß, daß der Abschluß des Londoner Statuts vom 08. August 1945 eingerahmt ist vom ersten Atombombenabwurf am 06. August 1945 auf Hiroshima und vom zweiten am 09. August 1945 auf Nagasaki. Sind hier nicht neue Verbrechen gegen die Menschlichkeit zu beklagen? Der atomare Holocaust droht, ein noch größeres Verbrechen gegen die Menschlichkeit, ein noch radikalerer Völkermord.

Und die zahllosen Kriege nach 1945? Das Flächenbombardement und der Einsatz chemischer Waffen im großen Stil z.B. in Vietnam? Die Aggressionsakte der Großmächte, z.B. in Afghanistan, aber auch in Grenada, die offenen Völkerrechtsverletzungen Südafrikas gegenüber seinen Nachbarstaaten oder, wie ich meine, das eindeutig völkerrechtswidrige Bombardement der Zivilbevölkerung in Libyen. Die Liste könnte fast endlos fortgeführt werden.

Nach der Nürnberger Phase läßt sich Kempner 1951 in Frankfurt als Anwalt nieder, auf Anregung des hessischen Ministerpräsidenten Georg-August Zinn, allerdings ohne seine US-Staatsbürgerschaft aufzugeben. Hauptbetätigungsfelder sind Wiedergutmachungsfragen für die Opfer des Nazismus und die Übernahme der Nebenklagen für überlebende Angehörige von Naziopfern in NS-Verbrecherprozessen.

Gleichzeitig wird Kempner, wie in der Weimarer Zeit, wieder verstärkt publizistisch tätig, immer bemüht um die Herstellung von Öffentlichkeit für die Einsichten von Nürnberg, für den bewußten Umgang der Deutschen mit ihrer Geschichte, um die Kraft zu gewinnen, wie es Richard von Weizsäcker in seiner 8.-Mai-Rede formuliert hat:

> der Wahrheit, so gut wie wir es können, ins Auge zu sehen, ohne Beschönigung und Einseitigkeit.

Kempners Bücher 'Eichmann und Komplizen' (1961), 'SS im Kreuzverhör' (1964), 'Edith Stein und Anne Frank – zwei von Hunderttausend' (1968), 'Das Dritte Reich im Kreuzverhör' (1969) und seine einem Journalisten in die Feder diktierte Autobiographie 'Ankläger einer Epoche' (1983) zeigen ihn unbeirrbar in seiner Überzeugung, daß demokratische Öffentlichkeit über die schlimme deutsche Vergangenheit hergestellt werden kann und muß. Seine Bücher sind auch für jeden Laien verständliche Darlegungen, immer hervorragend ausgestattet mit Dokumenten und Verhörprotokollen des Entsetzlichen und von so vielem immer noch nicht wirklich Akzeptierten. Die Konfrontation mit den im Namen des deutschen Volkes begangenen Taten gehört als notwendiger Bestandteil zu unserer Geschichte, aus der allein heraus Gegenwart gestaltet werden kann.

Dies gilt umso mehr, als in der Restaurationphase der 50er Jahre nach Abschluß der Nürnberger Prozesse die Verdrängung und das Nichtwahrhabenwollen der von Kempner so präzis herauspräparierten Fakten alles andere überlagert.

Robert Kempner ist zutiefst enttäuscht über das mit der Gründung der Bundesrepublik Deutschland einsetzende "Gnadenfieber", wie er ein Kapitel seiner Autobiographie überschreibt.

> Bald nachdem das letzte Urteil gefällt war, fing es an: stürmische Briefe, die Verurteilten sollen doch bald begnadigt und rausgelassen werden, überschwemmten das Justizministerium, das Auswärtige Amt und das Kanzleramt Adenauers. ('Ankläger', S. 388)

Salopp, aber die Bitterkeit kaum verbergend, stellt Kempner fest:

> Also eine groß angelegte Gnadenarie, Geld war auch dahinter. ('Ankläger', S. 389)

Mit dem Überleitungsvertrag (Übertragung der Souveränitätsrechte an die Bundesrepublik) von 1955 geht die Einsetzung einer Gnaden-Kommission einher, "und damit war die Sache entschieden", sagt Kempner in lakonischer Kürze. Bis Mitte der 50er Jahre werden "alle in Nürnberg Verurteilten, auch die Lebenslänglichen, allmählich entlassen, mit Ausnahme der Spandauer Häftlinge aus dem IMT-Prozeß", weil die Sowjetunion - verständlicherweise - nicht mitspielt.

Kempner beschreibt das so:

> Die allgemeine Marschlinie der deutschen Kommissionsmitglieder war: die Leute rauslassen! Das waren ja auch Wählerstimmen; wer sich am meisten einsetzte, hatte mehr Stimmen. Wer den Lobbyisten nicht folgte, nahm eben einen Stimmenverlust seitens der entsprechenden Familien, ihres Anhangs und der mitfühlenden Kollegen inkauf.

Die Frage der Wiederbewaffnung ist in der Argumentation der Befürworter unabdingbar mit der "Begnadigung" der Kriegsverbrecher verknüpft. Der Ausbruch des kalten Krieges und des heißen Korea-Krieges tut ein übriges.

Kempner sagt:

> Die Bundesrepublik war Zulieferer für die amerikanische Bewaffnung und steckte im Aufbaustadium der Bundeswehr. ('Ankläger', S. 391)

Es hieß:

> Es kann kein Heer aufgestellt werden...solange noch der letzte General (und es war ja eine ganze Anzahl)...im Gefängnis sitzt. ('Ankläger', S. 391)

> Und die SS-Leute "wollten bei dieser Gnadenpartie mitgenommen werden". ('Ankläger', S. 392)

Kempner, der Fundamentalist in der Verteidigung der Menschenwürde, ist zugleich Realist und Pragmatiker. Er zieht das Fazit:

> Wenn man alle Personen, die absolute Verbrecher gewesen waren,

viele von ihnen Mörder, von den Plünderern spreche ich schon gar nicht, wenn man alle schwere NS-Kriminalität verfolgt hätte, so hätte es keinen Aufschwung der Bundesrepublik gegeben. Das ist grotesk ausgedrückt, aber - wer es hören will oder nicht - es ist eine Wahrheit hierin.

Die Anmerkung sei mir allerdings gestattet, vielleicht hätten wir dann eine andere, weniger von Wirtschaftswunder, Ellenbogenmentalität und waffenstarrendem Blockdenken geprägte Republik.

Trotz der "Gnadenwelle" und des Wiedererstarkens der Kräfte, die eigentlich mit dem Untergang der Nazis den Anspruch auf die Führung in dieser Republik verwirkt hatten, wo in vielen Kreisen "das Wort Emigrant" keinen guten Klang hatte - "vom Emigranten ging es gleich zum Landesverräter" (S. 359), wie Kempner zutreffend anmerkt -, trotz alledem arbeitet Robert Kempner weiter in Deutschland, im Gegensatz zu seinem Bruder, dem Mediziner Prof. Walter Kempner, der 1934 in die USA emigrierte und sich seitdem weigert, jemals wieder deutschen Boden zu betreten. Ein ehrenswerter Standpunkt.

Kempner vertritt die Wiedergutmachungsansprüche prominenter Exilierter wie Prof. Emil Gumbel, Prof. Friedrich Wilhelm Förster und Erich Maria Remarque, aber in der Mehrzahl Geschädigte, die für die Öffentlichkeit Namenlose bleiben. Von seiner Nebenklägertätigkeit berichtet er in Artikeln über die jeweiligen Prozesse, so z.B. "Felix Fechenbach - ein Märtyrer der Justizgeschichte" ('Recht und Politik', 3/1980), er schreibt über "Das Sonderrecht für die Juden im NS-Staat" (1981), über "Die Wannseekonferenz über die Endlösung" (Allgemeine Wochenzeitung der Juden in Deutschland', 04.09.1981), über den "Prozeß um den Reichstagsbrand" ('Recht und Politik', 1/1983).

Nicht zu vergessen sind die zahllosen Leserbriefe an alle führenden Journale und Tageszeitungen in der Bundesrepublik und auch im Ausland, die immer zu aktuellen Fragen Stellung nehmen und zum Teil eine heftige Diskussion auslösen. Kempner ist bis auf den heutigen Tag ein kämpferischer Publizist geblieben, der zuletzt die Entschädigung der jüdischen Flick-Zwangsarbeiter anmahnte - was, mit einer allerdings bescheidenen Summe, schließlich auch durchgesetzt wurde.

Als unser Fachbereich an Robert Kempner die Frage der Verleihung des philosophischen Ehrendoktors herantrug, antwortete er spontan, daß er seine "halbe Lebensarbeit" im publizistisch-literarischen Bereich angesiedelt sieht.

Der Bürger der Vereinigten Staaten, Robert Kempner, verkörpert in hervorragendem Maße die Tradition radikal-demokratischer Kultur auf deutschem Boden. Er hat uns in seinen Schriften und in seinem Handeln die Möglichkeit gegeben unsere Identität als Deutsche in der Auseinandersetzung mit unserer Geschichte sinnvoll zu befragen. In ihrer großen Mehrzahl haben die Deutschen gegenüber dem Nationalsozialismus versagt. Sie haben die Rückgewinnung ihrer Freiheit aus dem Faschismus nicht selber zu bewerkstelligen vermocht. Es kostete die Blutopfer der Bürger der alliierten Staaten, die uns befreiten.

Robert Kempner wurde in Nürnberg von einem Staatssekretär in Hitlers Diensten einmal gefragt:

> Na, was hätten Sie denn gemacht als junger Mann, wenn der Hitler Sie gleich als Ministerialdirektor oder Staatssekretär da rein gebracht hätte?

Kempner antwortete:

> Der Unterschied zwischen Ihnen und mir ist der, daß er mich eben nicht gefragt hat! Er wußte schon genau, wen er nimmt. ('Ankläger', S. 305)

Stellen wir uns alle, mit allem Ernste die Frage, ob wir gefragt worden wären in jener Zeit oder vielleicht zukünftig einmal gefragt werden, wenn eine erneute Gefährdung unserer Republik ansteht.

Lieber Robert Kempner, abweichend vom Titel Ihrer Autobiographie 'Ankläger einer Epoche' möchte ich Sie lieber als "Advokaten für die Humanität" gegen die schlimmste aller Mordtaten, den Krieg und die damit verbundenen Verbrechen gegen die Menschlichkeit bezeichnen.

Ich danke Ihnen, meine Damen und Herren und ganz besonders danke ich Robert Kempner. Ihre Ehrenpromotion ist ein wichtiger Tag für die junge Universität Osnabrück

vernehmung des reichs-
marschalls hermann göring

auszug aus den vernehmungs-protokollen robert m.w. kempners

Als ich Hermann Göring, den Reichsmarschall des Großdeutschen Reiches, nach Kriegsende zum ersten Mal wiedersah, äußerte er eine Art von Entschuldigung, daß er mich kurz nach seiner Übernahme des Preußischen Innenministeriums am 30. Januar 1933 aus dem Amt herausgesetzt habe. Zu seinem Erstaunen erwiderte ich ihm dankend, ich sei recht froh darüber, meine Staatsstellung so zeitig verloren zu haben. Auf diese Weise hätte ich nämlich mein Leben gerettet, das sonst höchst wahrscheinlich in der Nazi-Vernichtungsmaschine geendet hätte. Offenbar verblüfft über diese Antwort, zeigte sich der zweite Mann des Dritten Reiches nunmehr für meine Vernehmungen aufgelockert.

In der folgenden Vernehmung wurde der Reichstagsbrand erörtert. Dieses Ereignis mit den anschließenden Verhaftungen war damals und ist auch jetzt von höchstem Interesse, weil am 28. Februar 1933, dem Tage nach der Brandnacht, die verfassungsmäßig garantierten bürgerlichen Freiheiten durch die „Verordnung zum Schutze von Volk und Staat" aufgehoben worden waren. Die Hintergründe dieses Brandes, der für die werdende Nazi-Diktatur von größtem Nutzen wurde, sind während des Dritten Reiches niemals aufgeklärt worden. Ich wollte Görings Stellungnahme hören und seine eigene Rolle bei den verhängnisvollen Vorgängen aufzuklären versuchen. Zu dieser Zeit war er als höchster Chef des Preußischen Polizeiapparates der Hauptverantwortliche für die Klärung oder Nichtklärung dieses Fanals. Auch an seiner Rolle beim sogenannten Röhmputsch vom 30. Juni 1934 waren wir interessiert. Ich persönlich wollte auch klären, welches die angeblichen Gründe für die Ermordung meines früheren Chefs im Innenministerium waren, des Ministerialdirektors Erich Klausener, des Leiters der Katholischen Aktion Berlin, der ebenfalls Opfer dieser Mordtage wurde.

Göring rutschte auf seinem Stuhle hin und her, als er von mir hörte, ich selbst sei in der Nacht des Reichstagsbrandes mit befreundeten Journalisten auf dem Platz vor dem brennenden Reichstag gewesen und hätte mit früheren Kollegen aus dem Innenministerium sogleich über den Brand gesprochen. Görings Verhalten wies darauf hin, daß er mehr wußte, als er gesagt hatte. Er argwöhnte – wie ich von einem Mitgefangenen wußte –, daß Rudolf Diels, der erste Gestapochef und sein ehemaliger Schwager, mir mehr erzählt hätte, als ihm, Göring, lieb war. Das enge Verhältnis zwischen Göring und Diels hatte sich nach der Scheidung der Ehe zwischen Diels und Görings Schwester getrübt.

Der frühere Reichsmarschall, Preußische Ministerpräsident und Chef der deutschen Luftwaffe (1893 - 1946) wurde von mir am 13. Oktober 1945 vernommen:

robert m. w.
kempner
bei einer
vernehmung
von
emmi göring

hermann
und
emmi göring

Dr. Kempner: Kennen Sie Rolf (Rudolf Diels)?

Reichsmarschall Göring: Ja, natürlich; er war der Chef der Gestapo.

F. Glauben Sie, daß er glaubwürdig ist, wenn er etwas erzählt?

A. Das hängt davon ab, von welcher Zeit Sie sprechen, besonders was die letzten Jahre betrifft. Er konnte sich, sagen wir, nicht sehr gut konzentrieren und hat besonders in den letzten Jahren eine Menge Unsinn geredet. Früher war er sehr zuverlässig.

F. War er auch Ihr Schwager?

A. Nur kurze Zeit.

F. Kennen Sie Paul Körner? (Görings ehemaliger Staatssekretär, im Wilhelmstraßen-Prozeß verurteilt, inzwischen verstorben)

A. Ja.

F. Sind seine Aussagen glaubwürdig?

A. Ich glaube.

F. Was ist mit Gritzbach? (Görings inzwischen verstorbener ehemaliger ziviler „Stabschef") Sind seine Aussagen glaubwürdig?

A. Ich glaube.

F. Wann haben Sie Gritzbach zum letzten Mal gesehen?

A. Ich glaube, flüchtig im März.

F. Wo war das?

A. Ich fuhr von Berchtesgaden nach Berlin zurück. Während der Reise hatte ich Aufenthalt und habe ihn gesprochen, aber nur paar Minuten.

F. Ich habe vor einigen Tagen mit Paul Körner und den anderen Leuten gesprochen; mit Diels sprach ich schon früher. Jetzt will ich Ihnen sagen, was Diels mir erklärt hat, und möchte Ihre Ansicht darüber hören. Diels sagt, Sie wüßten genau, daß der Brand auf irgendeine Weise entfacht werden sollte, auch daß er (Diels) die Verhaftungslisten schon vorher aufgestellt hatte, und zwar die Liste der Leute, die sofort in der Nacht nach dem Brande verhaftet werden sollten.

A. Wann hat er das gesagt?

F. Er hat das zum ersten Mal zwei Tage nach dem Brande gesagt und es später wiederholt.

A. Zu wem hat er das zwei Tage nach dem Brande gesagt?

F. Zu bestimmten Beamten des Innenministeriums.

A. Es trifft zu, daß Listen für die Verhaftung von Kommunisten ganz unabhängig von dem Reichstagsbrand bereits vorbereitet waren. Dazu war nicht der

Reichstagsbrand notwendig. Die Verhaftungen wären sowieso durchgeführt worden. Wenn Diels erklärt hat, daß ich etwas von dem Brande wüßte, dann muß er aus irgendeinem Grund Unsinn geredet haben, wofür ich keinerlei Erklärung habe. Es wäre für mich sehr interessant, Diels gegenübergestellt zu werden, damit er es mir ins Gesicht sagen kann.

F. Wann haben die Leute mit der Aufstellung der Verhaftungsliste begonnen?

A. Meiner Ansicht nach war das schon lange Zeit vorher, nachdem die kommunistischen Unruhen, Morde, Zusammenstöße usw. nicht enden wollten, denn die Vernichtung der kommunistischen Partei sollte auf alle Fälle durchgeführt werden. Ob der Brand ausbrach oder nicht: diese Maßnahme wäre in jedem Falle durchgeführt worden. Der Reichstagsbrand hat diese Dinge lediglich beschleunigt, weil der Führer noch in der Nacht anordnete, daß die Verhaftungen sofort vorzunehmen sind.

F. Aber auf dieser Liste standen da nicht nur Kommunisten, sondern auch eine Anzahl anderer Leute, wie Sozialdemokraten, Katholiken usw.?

A. Ich habe schon vorher einmal gesagt, Sie müssen unterscheiden zwischen den Listen, die in Preußen aufgestellt wurden, und denen in anderen deutschen Staaten.

F. Nein. – Ich spreche von der preußischen Liste.

A. Ich kann mir nicht vorstellen, daß Katholiken auf der Liste gestanden haben. Ich sagte bereits früher, Sozialdemokraten waren auf der preußischen Liste, nicht aber Katholiken. Ich hatte sogar Katholiken als Oberpräsidenten.

F. Wen zum Beispiel?

A. Die beiden Brüder von Lüninck. (Ferdinand in Westfalen und Hermann, Rheinprovinz)

F. Gritzbach hat auch gesagt, Sie hätten schon im voraus von dem Reichstagsbrand gewußt. Er hat es nicht so präzise wie Diels gesagt, aber in gleichem Sinne.

A. Wann hat er denn das gesagt?

F. Es ist einige Wochen her.

A. Ich kann nicht beurteilen, was die Leute jetzt sagen, doch möchte ich Gritzbach gegenübergestellt werden, und er soll mir dann ins Gesicht sagen, daß ich davon gewußt habe.

F. Keiner von den beiden hat behauptet, Sie hätten das Feuer angelegt, aber sie sagen beide, daß Sie davon gewußt haben.

A. Ich weiß nichts davon, und sie können nichts davon wissen. Gritzbach gehörte zu jener Zeit noch nicht zu meiner persönlichen Umgebung.

F. Gehen Sie so weit, zu behaupten, daß Sie noch nicht einmal eine Ahnung davon hatten, daß von anderer Seite irgend etwas geschehen würde, aber daß Sie nichts damit zu tun hatten?

A. Ich hatte keine Ahnung davon und betone nochmals, es wäre Wahnsinn gewesen, uns das Haus zu nehmen, das für uns sehr wichtig war; hinterher hatte ich sehr große Schwierigkeiten, einen Ersatz für das Reichstagsgebäude zu finden.

F. Haben Sie denn nicht seinerzeit gerüchteweise erfahren, daß irgendein großes Gebäude in Berlin in Brand gesteckt werden sollte und dann der Reichstag gewissermaßen als Symbol ausgesucht wurde?

A. Diese Auffassung entstand erst sehr viel später, und deshalb glaubten wir, der Reichstagsbrand sollte ein von den Kommunisten benutztes Fanal sein. In dieser Beziehung, daß die Kommunisten dafür gerade den Reichstag gewählt haben würden, war ich schon von Anfang an skeptisch. Als ich in der Zelle gefragt wurde, ob ich geglaubt habe, daß vielleicht die Kommunisten alles dies getan haben, verneinte ich es.

F. Aber eine Stunde, nachdem der Reichstagsbrand ausgebrochen war, sagte mir Ihr Pressereferent auf dem Reichstagsplatz persönlich, daß nach den angestellten Ermittlungen „die Kommunisten den Reichstag in Brand gesteckt haben".

A. Richtig. Das war bereits vor Beginn der Untersuchung. Es wurde sofort angenommen, daß die Kommunisten ihn angesteckt haben.

Beschuldigung der Kommunisten ohne Untersuchung

F. Wie konnten Sie Ihrem Pressereferenten eine Stunde nach Ausbruch des Reichstagsbrandes schon erklären, daß die Kommunisten das getan hätten – ohne jegliche Untersuchung?

A. Hat der Pressereferent erklärt, daß ich das gesagt habe?

F. Ja. Er sagte, Sie hätten es gesagt.

A. Das ist möglich. Als ich zum Reichstag kam, waren der Führer und seine Herren schon dort. Es war damals zweifelhaft, aber sie waren der Meinung, daß die Kommunisten das Feuer gelegt haben.

F. Sie waren doch aber in gewissem Sinne der höchste Exekutivbeamte. Daluege (von der Polizeiabteilung im Preußischen Innenministerium) war Ihr Untergebener. Wenn man jetzt daran zurückdenkt und nicht in der Aufregung, die damals herrschte, war es dann nicht voreilig, ohne jegliche Untersuchung zu erklären, daß die Kommunisten das Feuer gelegt haben?

A. Ja, das ist möglich, aber der Führer wollte es so.

F. Warum wollte der Führer sofort eine Erklärung herausgeben, daß die Kommunisten das Feuer angelegt haben?

A. Er war davon überzeugt.

F. Ist es dann richtig, wenn ich sage, daß er davon überzeugt war, ohne zu dieser

Zeit irgendeinen Beweis dafür in Händen zu haben?

A. Das ist richtig. Sie müssen aber berücksichtigen, daß die kommunistische Tätigkeit damals außerordentlich rege war und unsere Regierung noch nicht sehr fest dastand.

F. Wann hat die Besprechung über die Verordnung vom 28. Februar 1933 stattgefunden? (Verordnung des Reichspräsidenten zum Schutze von Volk und Staat)

A. Eine Besprechung in diesem Sinne hat nicht stattgefunden. Die Lage wurde an Ort und Stelle erörtert. Es wurde beschlossen, die schärfsten Maßnahmen zu ergreifen. Ich kann mich nicht genau erinnern, wie dieses Gesetz zustande gekommen ist. Es ist aber klar, daß ein Ausnahmezustand erklärt werden mußte.

F. Hatte Diels seine Hände bei dem Reichstagsbrand im Spiel? Erschien er am Ort der Tat? Hat er versucht, die Schuld auf jemand zu schieben?

A. Nein. Ich glaube nicht, daß das möglich war. Wenn ich irgendeine andere Möglichkeit erwäge – schließlich glaube ich doch immer noch, daß es richtig ist, daß van der Lubbe alle die Sachen in den Reichstag geschafft hat...

F. Sie haben eben einen Satz angefangen und nicht vollendet; sprechen Sie mal Ihren Gedanken zu Ende aus!

Waren SA-Leute die Brandstifter?

A. Wenn in dieser Sache überhaupt irgend etwas anderes getan oder geplant worden ist, so kann ich mir nur denken, daß es von einer Seite gekommen sein muß, die uns Schwierigkeiten bereiten wollte.

F. Was halten Sie in dieser Richtung z.B. von dem Polizeipräsidenten Ernst? Wir wollen offen über Ernst sprechen. (SA-Führer, am 30. Juni 1934 anläßlich des „Röhmputsches" ermordet)

A. Jawohl. Das ist der Mann, an den ich gedacht habe, wenn überhaupt eine andere Hand im Spiel war; aber ich glaube, daß der Brief, den ich neulich gesehen habe, völliger Unsinn ist. Diels und seine Leute hatten nichts damit zu tun, aber bei Ernst halte ich alles für möglich.

F. Einer Ihrer Bekannten hat mir erzählt, daß in Ihrem Kreise über Ernst in diesem Zusammenhang gesprochen wurde, und andere Leute waren auch dabei. Würden Sie uns sagen, was damals gesprochen wurde? In Ihrem Hause wurde darüber diskutiert, daß Ernst und die SA dabei eine Rolle gespielt haben. Wollen Sie uns über diese Unterredung erzählen?

A. Es wurde nur ganz kurz gestreift. Beweise lagen nicht vor. Van der Lubbe hatte ausgesagt, daß er diese Dinge in den Reichstag gebracht hatte, und deshalb wurde darüber nicht weiter gesprochen.

F. Warum haben Sie dann aber den Namen Ernst und die SA im Zusammenhang mit dem Brand erörtert?

A. Ernst spielte dabei eine Rolle; ich erinnere mich nicht, wer mir das gesagt hat. Von Anfang an glaubte ich, Ernst wäre der Mann, der uns gern die größten Schwierigkeiten gemacht hätte, weil er verantwortlich war für die wilden Konzentrationslager, wo er die Leute folterte. Er war eine treibende Kraft. Für Hitler war er mal sehr wichtig gewesen.

F. Wir haben gewisse Beweise, daß Goebbels und Ernst zu dieser Zeit sehr gut miteinander standen, daß Goebbels etwas über den Reichstagsbrand wußte und daß Sie darüber mit anderen gesprochen haben.

A. Das glaube ich nicht. Ernst war SA-Führer, und Goebbels hatte keine guten Beziehungen zu ihm. Goebbels hatte stets ein gewisses Mißtrauen gegen die Berliner SA, weil sie 1930 einen Putsch versucht und unsere Lage sehr schwer gemacht hatte.

F. Weshalb war der Durchgang zwischen Ihrem Hause und dem Reichstagsgebäude nicht abgeschlossen?

A. Der war nie abgeschlossen. Es handelt sich um einen Durchgang, der für die Heizungsanlagen benutzt wird. Zur damaligen Zeit habe ich gar nicht in dem Haus gewohnt.

F. Wo wohnten Sie damals?

A. Am Kaiserdamm.

F. Sind das die Räumlichkeiten, von denen mir Thyssen (Fritz, der Industrielle) erzählt hat, daß er zu ihrer Ausstattung Ihnen 150.000 Mark beigesteuert hat?

A. Er hat mir nicht 150.000 gegeben. Er gab 20.000, aber nicht dafür. Ich bekam das Geld vom Führer.

F. Hat Thyssen dann gelogen?

A. Thyssen hat mir nie 150.000 gegeben.

F. Thyssen hat mir gestern erzählt, er habe Ihnen im Jahre 1932 150.000 gegeben.

A. Nein. Er gab mir in dem Jahr 20.000 holländische Gulden, aber sie wurden nicht für diesen Zweck verwendet.

F. Gab er nicht 150.000?

A. Nein.

F. Im Jahre 1932?

A. Nein. Er gab mir 20.000 Gulden in Holland.

F. Er hat das aber unter Eid ausgesagt.

A. Nein. Er hatte unrecht.

F. Er hatte unrecht?

A. Nein. In Wirklichkeit gab er viel mehr.

F. Wann zum Beispiel?

A. Von welchem Geld sprechen Sie jetzt? Ich glaube, er hat mir mehr als 150.000 Mark gegeben. Ja.

F. Damals waren Sie der Chef der Preußischen Polizei. Haben Sie irgendwelche Anweisungen gegeben, daß sich die Untersuchung wegen des Reichstagsbrandes auch auf diese SA-Leute erstrecken sollte, oder haben Sie Ihre Ermittlungen auf Linksstehende und die Kommunistische Partei beschränkt?

A. Ich erweiterte die Daluege-Untersuchung auf die Frage, wer den Brand angelegt hatte. Dann wurde die Untersuchung, die gar nicht zur Zuständigkeit des Reichsgerichts gehörte, auf Befehl des Führers dem Reichsgericht übertragen, und ich hatte nichts mehr damit zu tun. Das Reichsgericht war damals noch das alte Gericht.

F. Wen hatten Sie beauftragt, die Sache in Berlin ordnungsgemäß zu untersuchen? Wem haben Sie dafür Weisungen erteilt?

A. Ich konnte nur der Polizei Weisungen erteilen.

F. Mit wem haben Sie gesprochen? Mit Daluege?

A. Nein. Daluege war für die Ordnungspolizei zuständig.

F. Er war doch aber bei Ihnen Ministerialdirektor?

A. Ich kann mich an die Einzelheiten nicht mehr erinnern.

F. Haben Sie mit Diels gesprochen?

A. Ja, mit Diels allerdings.

F. Sprachen Sie auch mit Volk, dem Vertreter von Diels?

A. Das weiß ich nicht; aber mit Diels, das steht fest.

F. Sie sprachen also mit ihm?

A. Ja, natürlich. Er sollte eine polizeiliche Untersuchung einleiten, und dann ging alles sehr schnell. Ein paar Tage später wurde die ganze Sache an das Reichsgericht abgegeben.

F. Ist es richtig, wenn Diels sagt, Sie haben ausdrücklich Weisungen erteilt, Ermittlungen nur in Richtung auf die Kommunisten, nicht aber in bezug auf die SA und Ernst anzustellen und niemand anders hineinzuziehen?

A. Das ist nicht richtig, weil Ernst damals überhaupt nicht erwähnt worden ist.

F. Wie erklären Sie dann, daß alle Leute behaupten, Sie hätten die Sache gemacht?

A. Nun, das ist damals gleich gesagt worden. Die wußten das! Die gesamte ausländische Presse sagte zwei Tage später, ich hätte den Brand gelegt.

F. Warum wurde denn damals nicht gesagt, daß es Ernst und seine Leute gewesen sind?

A. Die waren im Ausland nicht sehr bekannt. Ich war Reichstagspräsident, und es war deshalb für diese Leute ziemlich naheliegend, mich zu nennen.

F. Wer waren die Freunde von Ernst, oder mit welcher Gruppe hat er damals Ihrer Meinung nach in Verbindung gestanden?

A. Ich weiß nicht, wer mit Ernst in enger Verbindung stand. Ich kenne diese Leute nicht. Ich mochte Ernst überhaupt nicht, und ich mochte seine Neigungen nicht.

F. Sprechen Sie von seinen homosexuellen Neigungen?

A. Ja, aber als Politiker.

F. Als Politiker und Chef Preußens wußten Sie doch, daß die Leute, die Ihnen immer Schwierigkeiten machten, Ernsts Leute waren?

A. Das war Ernst, aber die Namen seine Leute... Es gab noch einige andere SA-Führer, die aber nicht in Berlin waren. Da war Heydebreck in Pommern, der Schwierigkeiten machte. Ernst stellte mir auch seine komische SA-Leibwache, die mich eines Tages verhaften sollte; ich bin sie unter irgendeinem Vorwand losgeworden. Ich habe sie dann aufgelöst.

(...)

Wem kam der Reichstagsbrand gelegen?

F. Ist es nicht möglich, daß van der Lubbe von der SA und solchen Leuten gedungen war?

A. Ja. Nun also gut, ich habe den Brief* gelesen. Soviel ich weiß, konnte Lubbe kein Wort Deutsch sprechen.

F. Es gibt ja Dolmetscher, die ihm das gesagt haben könnten.

A. Wie konnten die mit van der Lubbe zusammenkommen? Aber alles ist möglich.

F. Alles ist möglich, ja. Aber würden Sie so weit gehen und sagen – ich spreche nicht von Ihrem persönlichen Standpunkt –, daß der Reichstagsbrand sehr gelegen kam?

A. Ich kann Ihnen wirklich offen sagen, daß uns der Reichstagsbrand sehr ungelegen kam.

F. Wem?

A. Sowohl dem Führer als auch mir als dem Reichstagspräsidenten. Wenn ein solches Fanal gegeben werden mußte, dann hätte es weniger wichtige Gebäude gegeben, die man besser dazu benutzen konnte.

---

* Dies bezog sich auf einen anonymen Brief an den Reichspräsidenten von Hindenburg über eine angebliche Verabredung van der Lubbes mit SA-Männern, den Reichstag anzuzünden.

F. Welches Gebäude z.B. wäre ein besseres Fanal gewesen als der Reichstag? Das Berliner Schloß?

A. Ja. Das Schloß oder irgendein anderes Gebäude. Nach dem Brande mußte ich die Kroll-Oper als Unterkunft für den Reichstag aussuchen. Sie wissen doch, daß ich sehr großes Interesse an meinem Staatstheater hatte und daß das für mich sehr hart war, denn die Kroll-Oper war das zweite Haus, wo die kleineren Opernvorstellungen gegeben wurden.

F. Sie wissen doch aber, daß zwischen der Oper von Goebbels in Charlottenburg und Ihrer eigenen Differenzen bestanden?

A. Aber das war sehr, sehr viel später. Das muß gegen Ende 1933 gewesen sein.

F. Sie glauben nicht, daß Goebbels mit der SA in dieser Sache etwas zu tun hatte?

A. Ich kann mir das nicht vorstellen.

F. Sie können sich das wirklich nicht vorstellen?

A. Nein, das kann ich wirklich nicht.

F. Vergessen Sie mal den Gerichtsfall hier gegen Sie und denken Sie nur historisch, wer waren dann die Leute, die generell an diesen Dingen interessiert waren? Ich frage Sie als Politiker, als damaligen Preußischen Ministerpräsidenten.

Eine Kampfmaßnahme der SA?

A. Ich muß wiederholen, daß wir keine neuen Gründe für die Aktion gegen die Kommunisten brauchten. Ich hatte bereits einige recht gute Gründe, wie Mordtaten usw. Diese Brandstiftung sollte oder konnte dazu benutzt werden, und... Ich überlege mir wirklich, welches Interesse Ernst daran gehabt haben könnte. Ich vermute, daß er gesagt hat: „Wir wollen ihn in Brand stecken und dann die Nachricht verbreiten, daß es die Kommunisten gewesen sind." Ich kann mir nur denken, daß die SA in diesem Zusammenhang geglaubt hat, sie könne dann eine größere Rolle in der Regierung spielen.

F. Ja. Na sehen Sie, jetzt kommen wir der Sache näher.

A. Ja, um freie Hand zu bekommen und gegen die Kommunisten wirklich schärfer vorgehen zu können. Das ist das, was ich jetzt zurückblickend sagen kann, wenn ich überhaupt irgendeinen Grund rekonstruieren kann. Die wollten nicht glauben, daß Maßnahmen von der Polizei als reguläre polizeiliche Maßnahmen ergriffen werden sollten, sondern glaubten, daß die SA als Hilfspolizei zugezogen würde und sie dann eine stärkere Stellung im Staate bekommen würde.

F. War es nicht auch Tatsache, daß der „alte Herr", Hindenburg, die Verordnung vom 28. Februar ohne ein solches Fanal nicht unterschrieben haben würde? Das hat uns Meißner nämlich erzählt. Als Sie keine Gelegenheit gehabt hatten, ihm von angeblichen Verbrechen der Kommunisten zu erzählen, hätte er die Hände über den Kopf zusammengeschlagen und „Ah" gesagt. Wenn Sie ihm aber sagen konnten, daß der Reichstag angesteckt worden sei, würde er die Verordnung gleich unterzeichnet haben?

Der Text ist dem Buch entnommen:
Robert M.W. Kempner, Das Dritte Reich im Kreuzverhör. Aus den Vernehmungsprotokollen des Anklägers. Düsseldorf 1984, S. 13 - 21 und S. 28/29.

robert m. w.
kempner

„...da stehe ich nun, auch wie zuvor, heisse magister, heisse doktor gar..."

danksagung

robert
m.w. kempner

Magnifizenz, die Herren Dekane und die anderen Freunde, die hier versammelt sind!

Ich möchte zunächst meinen herzlichsten Dank aussprechen. Ich bin ganz überwältigt von den Worten von Prof. Westphalen. Er kennt mein Leben viel besser als ich. Ich mußte mir das immer genau überlegen und demgegenüber komme ich mir ganz klein vor. Ich sage nicht wie der Maler Liebermann: „Mein Herr, Sie überschätzen mir!", sondern nehme dankend das alles an, was mit Liebe und Verstand gesagt worden ist. Wie bin ich denn zu dieser Ehre und zur Stadt Osnabrück gekommen, wo ich etwas ganz Merkwürdiges bemerkt habe in dem Hotel, wo ich abgestiegen bin. Auf der Straße sah ich folgendes, und zwar in einem kurzen Kreisel, ein Hotel mit Namen „Hohenzollern", eine Heinrich-Heine-Straße, ganz nebenan alles, und einen „Remarque-Saal" in dem Hotel. Ich muß Ihnen sagen, dieses Zusammentreffen hat mir sehr imponiert, und ich habe, wie man früher in Berlin sagte, „Bauklötze gestaunt".

Nun, wie ist denn das mit dem Remarque? Was habe ich dazu zu tun, daß Prof. Westphalen, die Fakultät zusammengekommen sind? Ich war jahrelang Rechtsvertreter von Remarque, in verschiedenen Sachen. Zunächst tauchte er für mich in Berlin auf, als ich im Innenministerium war. 1930, da rief eines Tages der Polizeipräsident von Berlin an und sagte: „Wir haben die Aufführung von Remarque 'Im Westen nichts Neues' im Nollendorf-Theater verbieten müssen. Ich wollte Ihnen das mitteilen, damit Sie es dem Minister sagen." Ich sagte: „Wie können Sie denn den Remarque verbieten. Ist doch unerhört." Und da sagte der Polizeipräsident zu mir: „Nein, Sie brauchen sich nicht aufzuregen. Wir haben ihn nicht wegen des Stückes verboten, sondern wir haben die Aufführung gestoppt, weil der Goebbels weiße Mäuse da hatte herumtanzen lassen im Theater; ein schwerer Schlag gegen die öffentliche Ordnung." Dies Verbot wurde natürlich sofort aufgehoben. Später lernte ich Remarque in den USA näher kennen. Wir befreundeten uns, und ich habe ihn sehr oft auch im Tessin gesehen, wo er ein Haus hatte.

Die Sache mit dem deutschen Entschädigungsverfahren für Remarque war gar nicht so einfach. Der hatte ja Ungeheures verloren: alle seine Lizenzen und all die Geschichten. Aber jemand, der das verloren hat, mußte das ja unter den Nazis ab Januar '33 verloren haben, sonst ist das nicht Nazi-Unrecht. Und der wohnte damals schon in der Schweiz. Ich entdeckte aber (und das ist immer gut, in Sachen sehr genau nachzuschnüffeln), daß er noch in Berlin-Wilmersdorf gemeldet war, also war er entschädigungsberechtigt. Ich sage Ihnen das, um zu zeigen, auf welche Einzelheiten es ankommt.

Und ich hatte weiter mit ihm zu tun. Ich kam auf die Idee, Remarque sollte mit dem Verdienstkreuz vom Bundespräsidenten geehrt werden. Das war Anfang der sechziger Jahre. Ich schrieb an den mir bekannten Staatssekretär des Bundespräsi-

41

dialamtes, Herrn von Herwarth, und der schrieb mir einen interessanten Brief zurück: „Was hat denn der Remarque eigentlich für Deutschland getan, insbesondere von der Schweiz aus? Was hat er mit der Republik zu tun? Nach den Satzungen muß er etwas für die Republik gemacht haben. Außerdem hat er sich hier im Tessin nicht der deutschen Kolonie gewidmet und sich nicht um die gekümmert." Ich schrieb zurück: „Remarque hat am meisten von all den Dichtern und Auswanderern die deutsche Sprache der Republik erhalten während des Krieges, in den Vereinigten Staaten. Seine Ausführungen und Bücher, seine Ausführungen, – im Sturm hat er die USA genommen. Ich kenne Personen, die dabei waren, zu einer sehr frühen Zeit, schon im Jahre 1930 - 31. Und außerdem, warum soll der Remarque plötzlich Beziehungen aufnehmen zu Leuten, die u.a. im letzten Krieg sehr viel verdient hatten, die auf einem gewissen Teutonenhügel ihre Villen haben. Das ist doch eigentlich eine faule Ausrede, das zu sagen." Das hat nicht der damalige Präsident erfunden und auch nicht der Herr von Herwarth, sondern die haben Berichte eingeholt; z.B. von einem Konsul in Lugano, der das geschrieben hat, und dann schwieg dieser eine Weile. Dahinter steckte das damalige Auswärtige Amt, das noch nicht richtig gesäubert war von den Leuten, die schon unter Ribbentrop da waren. Es dauerte eine ganze Weile, bis Willy Brandt damals Außenminister wurde, (das war so gegen 1966, bevor er Bundeskanzler war) und dann ist die Sache plötzlich doch gegangen.

Sie sehen, wie verschlungen manchmal die Wege sind, und was alles nötig ist, damit etwas zurecht kommt. Und dann kam sehr schön der deutsche Gesandte in Bern, ein früherer Anwalt, und er und ich und die Frau Remarque feierten dann bei einer Flasche Sekt, die der Botschafter aufmachen mußte, da wir sagten: „Wir können das nicht so richtig machen, vom Auswärtigen Amt geht das besser."

Remarque ist dann leider früh gestorben, hat seine Frau hinterlassen, die Paulette Goddard, die Schauspielerin, die früher einmal mit Charlie Chaplin verheiratet war; eine sehr interessante Frau, die ihn noch überlebt hat. Und durch diese Remarque-Dinge ist unser sehr verehrter Prof. Westphalen mit uns zusammengekommen, und es ist so schön, daß hier in Osnabrück, – Remarque's Geburtsstadt – von Universität, Stadt und sonstigen zuständigen Stellen so viel für das Gedächtnis dieses hervorragenden Schriftstellers Erich Maria Remarque getan wird.

... was ich sagen wollte, hat Herr Prof. Westphalen schon gesagt. Ich werde deshalb frei sprechen und nicht nach einem Manuskript und Ihnen einiges erzählen, was vielleicht interessant und wichtig ist.

Meine eigene gefährlichste Zeit war natürlich im Innenministerium in Berlin. Ich wurde 1926 dorthinberufen vom Amtsgericht und fragte meinen Präsidenten: „Soll ich denn da hingehen?" Und da sagte er: „Na, so gut wie hier bei mir haben Sie's nicht, Sie haben ja nur alle 3 Tage Sitzung. Da müssen Sie ja jeden Tag aufs Amt, da können Sie nicht Akten nach Hause nehmen und Urteile vorbereiten; aber wenn ein Ministerium ruft, dann müssen Sie gehen; das ist eine gute Sache, und wenn Sie lange genug da waren, können Sie immer noch zur Industrie und Geld machen."

Also ich sollte am 1. Mai des betreffenden Jahres anfangen. Ich fing aber nicht an, denn es war der 1. Mai. Und am 2. Mai fragte mich der Personalreferent: „Warum sind Sie gestern nicht angekommen bei uns?" Und ich sagte ganz naiv: „Ich denke, das ist ein sozialdemokratisches Ministerium und die Sozialdemokraten feiern den 1. Mai, da kann ich doch nicht herkommen." „Ja, Sie haben Recht, aber ganz so ist das bei uns nicht." Der Mann, der mir das sagte, war der Ministerialdirektor Klausener von der Katholischen Aktion Berlin-Brandenburg. Es gab oft in diesem Ministerium eine etwas gemischte parteipolitische Zusammensetzung. Der Klausener war strenger Zentrums-Mann, und der hatte zur Seite, neben anderen, eben einen, der nicht Zentrums-Mann war, der liberal und weiter links war. Und ein sozialdemokratischer Ministerialdirektor von der Verfassungsabteilung, der hatte eben einen katholischen Herrn aus der Aachener Gegend, meinen langjährigen Kollegen Hans Globke, der später bei Adenauer Staatssekretär wurde.

Es zog damals, Mitte der zwanziger Jahre, ein etwas neuer Geist in die Ministerien ein. Die alten Geheimräte, die verschwanden allmählich (Altersgrenze), meist Reserveoffiziere, Offiziere vom 1. Weltkrieg, und es kam eine junge Generation rein: außer mir zum Beispiel der Hans Globke und der spätere erste Chef der Geheimpolizei, der Gestapo, ein gewisser Rudolf Diels und andere Personen, ein Staatssekretär und späterer Minister Würmeling. Das war eine Clique von Leuten, die nur teilweise aus dem vorigen Jahrhundert waren wie ich, aber alle zwischen '98 und 1902/03 geboren. Die sollten ein bißchen Wind in die alten Mühlen bringen.

Und dann kam der Sturm, dann kamen die Demonstrationen, dann kamen die NS-Wahlen, und wir saßen da mit Verboten hin und her, die furchtbaren Angriffe des „Völkischen Beobachters" und des „Angriffs". Das wurde immer „heiterer", und ich bemühte mich, alles zu tun, um das Kommende zu verhindern. Ich war bei mehreren der Prozesse, die gegen die Nazis geführt wurden. Hab' mir das angesehen, wie der Adolf Hitler auftrat.

Zu mir kamen die Nazi-Anwälte, ja womit? Zum Beispiel der Herr Hans Frank, der spätere Polen-Gouverneur, und wollte Schadenersatz haben, weil Kinder heruntergefallen seien bei Demonstrationen. (Der Frank war später ein Angeklagter von uns in Nürnberg.) Ich sage: „Herr Frank, wollen Sie den deutschen Staat betrügen? Sie haben doch angeordnet, daß Frauen mit Kinderwagen zu Demonstrationen kommen, dann die Kinder auf die Straße gesetzt werden und Ansprüche gestellt werden, die Polizei hätte die Kinder nicht genug bewacht; infolgedessen seien sie auf die Straße gefallen." Ich sage: „Führen Sie einen Prozeß, dann werden wir weitersehen." Den einzigen Prozeß, den er geführt hat, war seine Verteidigung in Nürnberg, im ersten Internationales-Militär-Tribunal Prozeß (IMT).

Die Frechheit der Leute, die damals bestand, können Sie gar nicht mit den heutigen Frechheiten, die auch oft groß genug sind, vergleichen. Nun, ich bekam 1932 dann eine Denunziation, die an den Herrn von Papen geschickt wurde, ich wäre das Zentrum einer antinationalsozialistischen Gesellschaft. Blödsinn, es waren eben ein paar Leute, die nicht mitmachen wollten in der neuen Strömung. Dann kam der Herr von Papen. Kaum war er da, hat er die Beamten, hat er eine Masse von Beamten rausgeworfen, ich bin merkwürdigerweise noch geblieben. Das lag daran, weil ich ein sehr beliebter Justitiar war; ich hatte nämlich nicht nur einen Kunden: die preußische Polizei mit 76 000 Mann und Fahrzeugen, beinah soviel Autos wie die Post. Beinahe jeder, der bei uns zu tun hatte, hatte nämlich auch einen privaten Fall, mit dem er kam: eine Scheidung, nicht bezahlte Raten für irgendein landwirtschaftliches Grundstück und sonstigen Kummer. Und da schwebten mindestens acht, neun Sachen, wo die Leute mich nicht loslassen wollten, ganz egal, ob rechts oder links. Nun, ich vertrat stets den Standpunkt und habe das seit 1930 ganz klar gesagt und geschrieben: „Die Nazis kommen!"

Man wollte mir nicht glauben und manchen anderen, die ein bißchen Grips im Kopf hatten, auch nicht. Wir haben damals eine große Denkschrift verfaßt über die Nazis als kriminelle Organisation und über ihre verbrecherische Tätigkeit. Der preußische Ministerpräsident Otto Braun hat sie unterschrieben und rübergeschickt in die Reichskanzlei; und beim zweiten Mal hatte Brüning auf die Akte, auf das Petitum, die Nazis zu verbieten usw. und Hitler vor Gericht zu ziehen, seinen damaligen Staatssekretär Planx draufschreiben lassen: „Bleibt unbeantwortet". Ein ganz unerhörter Vorgang in der Verwaltung. Das blieb unbeantwortet, bis alle gehen mußten, erst schon viele zur Zeit des Herrn von Papen; der Polizeipräsident von Berlin und der Vize wurden verhaftet. Ich schickte einen Assessor in die Polizeihaft; wenn einer verhaftet ist, nicht wahr, gleich Vollmacht unterschreiben, damit man verhandeln kann mit der betreffenden Stelle. Nun, sie wurden dann losgelassen, aber es war ja vorbei mit der Republik! Ich selbst hatte 1931 die Verhaftung Hitlers erfolglos beantragt.

Und dann kam der 30. Januar '33 und da wurde so herumrumort. Ich saß in meinem Zimmer Unter den Linden nach vorne. Da kam also der Göring mit seinen engeren Vertrauten an. Ein guter Kollege von mir, mit dem ich hundertmal in der Kantine Mittag gegessen hatte, der Rudolf Diels, war inzwischen schon zu den Leuten übergewechselt und wurde der erste Chef unter Göring des Geheimen Staatspolizeiamtes, der Gestapo. Der Junge war ein Abenteurer. Er war in meinem Alter, ein furchtbarer Abenteurer. Ich hatte ihm einmal die Stellung gerettet. (In einer persönlichen Sache wollte sich jemand beim Minister beschweren, und ich wies die Frau ab und ließ ihr 100 Mark und ließ sie unterschreiben, daß sie keine Ansprüche gegen den frech gewesenen Regierungsrat hatte, der seine Ausweiskarte verloren hatte bei ihr.) Ich sagte: „Was ist denn nun los? Sie sind jetzt plötzlich die rechte Hand vom Chef geworden!" „Ja, Sie wissen doch, ich stehe mit den Nationalsozialisten seit längerer Zeit in Verbindung." Ich sagte: „Was? Das haben Sie mir aber nicht erzählt." „Doch, ich hab's doch mal angedeutet." Ich sagte: „Lassen wir das. Was tun Sie denn jetzt in Ihrem Dezernat 'Politische Polizei'?" „Ich stelle Listen auf von den Leuten, die im Falle eines Falles verhaftet werden. Da sind auch gute Bekannte von Ihnen und mir dabei." „Ja, was meinen Sie denn damit?" „Ja, ich war doch vorher Demokrat, noch vor eineinhalb Jahren oder so. Leute aus dem demokratischen Club, da waren Katholiken dabei, vor allem aber SPD und ganz merkwürdig, Kommunisten natürlich auch, ganz merkwürdig, außerordentlich viele Mitglieder der Deutschen Liga für Menschenrechte."

Irgendwie hatte er die Leute zusammen, er wußte, daß das scharfe Kämpfer sind, wobei Sie bedenken müssen, das Wort „Menschenrechte", das wurde damals ganz klein geschrieben. Da waren ein paar große Leute wie Einstein, der Graf Harry Kessler und die Fürstin Mechthild Lichnowsky, die sich dafür einsetzten, und damit war's aber auch schon zu Ende. Das Wort „Menschenrechte" galt nichts oder gab es nicht, und Verbrechen gegen die Menschenrechte und Menschlichkeit, das gab's auch nicht. Das haben wir ja erst in Nürnberg erfunden oder, genauer gesagt, im Londoner Statut vom 10. August 1945 festgelegt, daß die Verletzung der Menschenrechte, der Menschlichkeit, ein Verbrechen ist. Heute haben es allmählich die Menschen gelernt, daß Menschenrechte etwas Wichtiges und Heiliges sind.

Nun, eines Tages versammelte uns Herr Göring in seinem Zimmer, halb so groß wie hier der freie Platz und hielt eine Rede. Er sagte uns: „Der Herr Papen hat ja schon die Leute ausgesiebt. Wer zu mir hält, dem wird nichts geschehen!" Die höheren Beamten waren da versammelt – stellen Sie sich vor, dreißig, vierzig höhere Beamte im Innenministerium für ganz Preußen. Wozu nicht nur die Polizei, sondern auch die gesamten Gemeindeverwaltungen usw. gehörten. Die Zahl ist mindestens verzehnfacht heute. Als ich zurück in mein Zimmer ging, stand eine Notiz: „Zum Personalchef kommen!" Es war am 9. oder 10. Februar 1933. Ich ging hinunter zum Personalchef. „Was ist denn los?" „Na, Sie können es sich doch denken. Sie können nicht länger im Hause bleiben. Was werden Sie denn tun?" Zunächst habe ich die oberste Instanz angerufen. Der Landgerichtspräsident weiß genau, was die oberste Instanz ist, und die anderen Herren Beamten wissen es auch. „Krankheitsurlaub, zunächst nehme ich mal Krankheitsurlaub!" Na, das war ein Urlaub für immer. Es kam das Gesetz gegen die Berufsbeamten usw. Ich entschloß mich mit einem früheren Landgerichtsdirektor, einem Kollegen, ein Büro für Devisenfragen und Auswanderungsfragen zu gründen. Das war damals möglich, denn als Anwalt wurde man nicht mehr zugelassen.

Ich habe dann sehr vielen Menschen zu einer Auswanderung verholfen. Viele Juden waren so patriotisch, daß sie nicht glaubten, daß die Nazisache ernst sein könnte. Ein Freund, der öfters zum Kaffee ins Büro kam, sagte mir plötzlich: „Sind sehr viele Leute zu Ihnen gekommen in letzter Zeit?" „Wieso?" „Ja, Sie haben doch gestern abend den Goebbels reden lassen, und der hat diese furchtbaren Sachen gesagt. Engagieren Sie ihn eigentlich, damit Leute zur Auswanderung getrieben werden?" Ich sagte: „Lieber Freund, man soll auch im Scherz nicht solche Sachen sagen." Aber, ich habe dann vielen Leuten helfen können. Inzwischen war ja schon der Reichstag in Flammen aufgegangen.

Reichstagsbrand: Ich stehe auf dem Standpunkt, daß der kleine 23-jährige van der Lubbe, der Holländer – mit vielen radikalen Ansichten – nicht allein von Holland nach Berlin gefahren ist, sondern daß er seine Führung hatte und die Nationalsozialisten, insbesondere mein letzter Chef Göring, da eine Rolle spielten. Der Chef der Gestapo, den ich später in Nürnberg hatte, dieser frühere Kollege Diels, hat mehrfach erklärt: „Der Reichstagsbrand ist von dem heimtückischen Dicken (Göring) organisiert worden. Van der Lubbe ist nur ein kleiner Schlucker." Heute

1
rudolf diels
2
erich
klausener

1

2

3
edmund
veesenmayer
4
hans globke

3

4

streiten sich noch gewisse Kreise darüber, ob der Lubbe das allein getan hat oder nicht. Der kaum sehen konnte, er konnte nicht richtig Deutsch, so als wenn wir nach Tokio gefahren wären, um dort etwas im Parlament anzurichten, innerhalb von sechs, sieben Tagen. Er wußte noch nicht einmal, wo der Reichstag war.

Den Göring, das ist vielleicht ganz interessant, hatten wir in Nürnberg als Hauptangeklagten. Der Führer war tot. Wenn der in Nürnberg angeklagt gewesen wäre, hätte er verschiedenes Interessantes sagen können, auch darüber, daß das Schieben auf ihn und auf seine Befehle, das gewaltsame Schieben der Schuld auf ihn, nicht wie die anderen Herren Angeklagten sagten, auf großen Druck zurückzuführen war, sondern daß in Wirklichkeit, besonders in der Beamtenschaft, sehr viele sehr freudig mitmachten. Denn, stellen Sie sich vor, ein Ausbürgerungsgesetz und diese Sachen, die werden nicht ohne sehr genaue Hilfe in zwei, drei Wochen gemacht, wie das geschehen ist, sondern das sind Leute, die, wie Bismarck sagte, „eingeschwenkt sind wie die pommerschen Rekruten". Dann kam ich eines Tages mit Göring in nähere Verbindung. Ich kannte den Göring schon, nicht von Person, weil er immer an unserem Hause in Lichterfelde vorbeiging, zwei Blocks weiter war die Kadettenanstalt, wo er war, und man wußte ungefähr, wie er die Jungs bekehrte, die dann sonnabends und sonntags losgingen. Das war die erste Kenntnis von Göring.

Und plötzlich trat der Mann in Nürnberg als Hauptangeklagter auf. Meine Kollegen sagten: „Vernehmen Sie den Göring mal bitte." Das ist schon ein unerhörtes Zugeständnis, denn jeder will seinen Angeklagten behalten. Keiner wollte einen Angeklagten weggeben. Aber die Kollegen kamen mit ihm nicht ganz weiter. Ich sprach mit ihm in Nürnberg vor dem Prozeß im Oktober 1945 (der Prozeß fing im November an). Der Göring war noch richtig dick damals; hatte noch nicht die gute amerikanische Entziehungskur wegen seines Morphiumgebrauchs gehabt. Da sagte er zu mir: „Herr Kempner, (ich war doch nur sein Assessor, Regierungsrat, Oberregierungsrat von den neun Tagen her) Sie werden nicht objektiv sein, ich will Ihnen nichts sagen." Ich sagte: „Aber Reichsmarschall, Sie haben mir doch das Leben gerettet. Wenn Sie mich nicht am 9. Februar 1933 rausgeschmissen hätten, wäre ich ein paar Jahre später durch einen Kamin gejagt worden." Und da sagte er sehr gnädig: „Ja, was wollen Sie denn wissen?"

Die einzige Beschwerde, die ich in Nürnber gekriegt habe, war von irgendjemanden, der sich beschwert hat, daß ich Göring „Reichsmarschall" genannt habe. Aber wenn ich jemanden vernehmen will und der was sagen soll, hau ich ihm ja nicht zuerst in die Schnauze, sondern unterhalte mich über die liebe Frau und die lieben Kinder und dies und jenes. „Was wollen Sie denn wissen?" Ich sagte: „Wie macht man denn so einen Krieg?" Und er hat mir dann viele technische Sachen erzählt, finanzielle Sachen. Ich kam dann auf den Reichstagsbrand zu sprechen, wo er gesagt hatte: „Nein, wenn das Nationalsozialisten waren, irgendwelche wilden SA-Leute, dann wollten sie uns schädigen", und so'ne Redensart. Ich war damals zufällig von journalistischen Freunden, mit denen ich zusammen gewesen war, zum Reichstagsbrand hingefahren worden. Da kamen sie die Treppe im Reichstag herunter: der Hitler, der Göring und der Leiter der Polizeiabteilung Grauert.

Göring ging auf die versammelten Journalisten zu und sagte: „Die Untersuchung hat ergeben, daß die Kommunisten den Reichstag angezündet haben." Ich sagte dann in Nürnberg zu ihm: „Sie haben doch auch den Journalisten erzählt, es hat eine Untersuchung stattgefunden. Was war denn das für eine Untersuchung? Herr Göring, das ist einfach nicht wahr, es war eben keine, und Sie haben die Öffentlichkeit belogen." Aber das hat er ganz gut hingenommen.

Wir haben dann später versucht, dem Göring Gelegenheit zu einem Geständnis zu geben. Ich sprach mit dem Anwalt von ihm, damals Vorsitzender der Anwaltskammer Schleswig-Holstein; ich sagte ihm: „Sie können dem Göring etwas Gutes tun, Ihrem Mandanten, doch einfach die Schuld auf sich zu nehmen. Das ist doch besser, als wenn er mit Lügen eines Tages ins Grab muß." „Ja", sagte der Anwalt, „das ist eine gute Idee, ich werde einmal mit ihm sprechen." Und der Anwalt kam zurück und sagte zu mir: „Ja, er ist unter Umständen bereit, die Schuld zu übernehmen", was prozeßtechnisch heißt, einer scheidet aus, der Hauptmacher, einer der Hauptmacher, dann kippt natürlich das ganze Boot der Anklage. Er kam zurück und sagte: „Göring ist bereit, ein Geständnis abzulegen, wenn er dafür im Falle eines Todesurteils erschossen und nicht erhenkt wird." Ich sprach mit meinem Chef darüber, und der sagte mir, was ich auch fühlte: „Geschäfte machen wir nicht." Vorher sollte er noch aufschreiben, was er denn sagen würde, und das war auch sehr fauler Zauber, keine richtige Schuldübernahme.

Sehen Sie, das war die schwierige Aufgabe in Nürnberg bei diesen Prozessen. Ich habe keine Ausstrahlung für meine Person, mein Beruf war die Einstrahlung in die Seelen der Leute. Die waren ja alle hochinteressant von meinem fachlichen Standpunkt aus. Ich habe hunderte von solchen Menschen, mehrere hundert solche Menschen gesprochen, die Zehntausende und Hunderttausende umgebracht haben. Wie kommt das zustande? Was geht bei so einem Göring vor? Unklar! Viel Geld steckt dahinter bei solchen, denn er hat ja sehr gesammelt. Das Spenden war damals gar nichts Neues.

Nun, auch ein anderer sollte gestehen: der Generalfeldmarschall Keitel. Der Anwalt kam zu mir, nicht auf meine Anregung, und sagte: „Keitel will die ganze Schuld übernehmen, damit nicht der kleine Hauptmann da und da und der Unteroffizier Sowieso herangekriegt wird." Es war alles vorbereitet. Der Presse war sogar gesagt worden: „Morgen ist ein interessanter Tag." Wenn Morddokumente vorgelesen werden, dann ist das oft nicht interessant. Und in der Nacht ruft mich der Verteidiger an und sagt: „Herr Kempner, das wird morgen nichts." Ich sagte: „Was ist denn passiert?" „Göring hat's dem Keitel verboten." Er hatte das Göring vorgetragen, seinem Vorgesetzten – noch immer –, und der hat Keitel verboten, irgendetwas zuzugestehen. Also ich sage das nur, damit Sie die Person dieser Leute noch etwas geschildert bekommen.

Bei Göring war besonders merkwürdig die eine Sache, die mit der Vernichtung der Juden zusammenhängt. Göring war im Jahre '41 Chef der sogenannten 'Endlösung', was weithin unbekannt ist. Das hängt zusammen mit seinen Kriegsämtern, Vierjahresplan usw. Und am 31. Juli machte er einen Erlaß an Himmler und Heydrich: Der Führer hat mich darauf hingewiesen, sowieso usw. Sie müssen jetzt auf die Endlösung dringen, daß die gut durchgeführt wird, durch die Gestapo und die Einsatzgruppen usw. Damit war das abgesagt. Und das Merkwürdige an solchen Persönlichkeiten, bei solchen verbrecherischen Persönlichkeiten ist folgendes: Bedenken Sie, was wenig bekannt ist, daß Göring auf der Burg Veldenstein an der Pregnitz von dem jüdischen Geliebten seiner Mutter erzogen wurde. Da ist er groß geworden. Der hat ihn auf die Schule geschickt, später auf die Kadettenanstalt. Dieser jüdische Herr, er hieß Ritter von Eppenstein, war, wie ich festgestellt habe, der Sohn eines Berliner Häusermaklers namens Epstein. Der Sohn hatte den Adelstitel durch Kauf eines Gutes an der bayerisch-österreichischen Grenze von den Österreichern bekommen und war Arzt in den Kolonien, den die Mutter von Göring kennengelernt hatte.

Was muß in solchen Menschen überhaupt vorgehen? Das ist ja rätselhaft, für mich jedenfalls. Und die Psychologen, ich muß jetzt was Schlechtes sagen, hoffentlich ist niemand da: die Psychologen und Psychiater, die haben uns auch nicht geholfen. Die haben den Rudi Heß untersucht, und da ist herausgekommen: Ja, ist der überhaupt verhandlungsfähig? Der kann doch gar nicht sprechen. Wenn man ihn gefragt hat: „Was gab's gestern zu Mittag?" hat er den Kopf geschüttelt. Sehr fraglich, ob der verhandlungsfähig ist, hat das Gedächtnis verloren. Zur selben Zeit, wo er wegen Verhandlungsunfähigkeit von deutschen, von amerikanischen und von englischen Psychiatern untersucht worden ist, hat er seinem Verteidiger lange Ausführungen gemacht: „Das Buch Sowieso, das wir zu meiner Verteidung brauchen, steht in der Heidelberger Universitätsbibliothek, in dem und dem Zimmer, auf Schrank sowieso." Er war bei vollem Bewußtsein und hat Theater gespielt. Die Herren Psychiater sagen einfach: „Er hat's Gedächtnis verloren." Ich sage das als Arztsohn, obwohl ich ein Arztsohn bin, das gibt's eben.

Ich wurde später Hauptankläger im sog. „Wilhelm-Straßen-Prozeß". Da waren die vier Minister, der Chef der Reichskanzlei Lammers, der Landwirtschaftsminister, und noch zehn, zwölf Staatssekretäre aus den verschiedenen Ministerien. Das war kein besonderes Vergnügen, denn die Herren waren doch alle „unschuldig". Ich erinnere mich genau. Ich habe mit einem Staatssekretär gesprochen und sagte: „Was haben Sie mit den Judensachen zu tun?" Das war eine Vernehmung, bevor der Prozeß angefangen hat. „Ach, das wissen Sie doch selbst, Herr Dr. Kempner. Unser Ministerium hat doch mit Judensachen nichts zu tun" Ich sagte: „Ihr Ministerium hat schon im 1. Weltkrieg mit Judensachen sehr viel zu tun gehabt. Sie haben doch alle das Memorandum für den Ludendorff geschrieben, der gegen Rußland gekämpft und den dortigen Juden gesagt hat: 'Wir befreien Euch von dem Joch des Zaren.'" „Ach so, da war ich noch nicht im Amt." Und ich sagte: „Was ist denn das hier?" Ich nehme es aus der Innentasche, nicht von den Akten, wo es die Leute immer umgekehrt lesen können. „Was hat das mit mir zu tun?" Ich sagte: „Sie haben es doch unterschrieben. 'An den lieben Herrn Eichmann'! (den 'lieben' hat er nicht geschrieben). 'Herr Eichmann, wir sind damit einverstanden, daß fünftausend Juden in die Lager des Ostens deportiert werden." (Es wurde immer angefragt, ob jemand etwas dagegen hätte, wegen auswärtiger Beziehungen.) „Ja, was habe ich damit zu tun?" Ich sagte: „Kommen Sie mal und neh-

imt–prozess
1945 in
nürnberg
kempner am
tisch rechts
oben

men meine Lupe. Wer ist denn da oben? Wer hat denn da oben gezeichnet?"
„Ach, ich bin erschüttert." – „Ja, das ist eine schlimme Sache, schlimme Sache." Ich
sagte: „Nun seien Sie nicht so erschüttert, setzen Sie sich mal aufs Sofa und gehen
Sie dann Mittag essen."

Und so waren beinahe alle, bis auf einen, das war der Leiter der Auslandsorganisation der NSDAP, Ernst Wilhelm Bohle. Der kommt zu mir, wir sprechen über dies und jenes, und da sagt er: "Die Sachen waren ja viel schlimmer als Sie wissen, sie waren ja zehnmal schlimmer." Ich sagte: "Herr Bohle, ist mit Ihnen etwas nicht in Ordnung? Sind Sie im Ausland geboren? Sind Sie gläubiger Christ, oder sind Sie Berliner? Jemand anders kann doch nicht auf die Idee kommen, so ein Geständnis abzulegen!" Und er hat die ganze Chose erzählt.

Nun, das sind nur einige Beispiele. Und als der betreffende Herr, der Staatssekretär, der nie ein Dokument gesehen hat von Eichmann, aber sie unterschrieben hat, zehn, fünfzehn, als er wiederkam am Nachmittag, sagte ich: "Na, haben Sie sich das einmal überlegt?" "Ja, ich habe das damals mit meiner Frau besprochen. Das war eine furchtbare Sache, als ich den Brief geschrieben habe, das war das einzige Mal, wo so etwas passiert ist." Und da ich darauf vorbereitet war, habe ich ihm sechs andere Briefe an Eichmann vorgehalten. Ich sagte: "Und nun?" Da war natürlich das Schweigen da.

Zu der Zeit hatte ich auch ein sehr interessantes Dokument entdeckt, das hieß 'Protokoll der Wannsee-Konferenz zur Endlösung der Judenfrage', wo genau stand, "erst müssen wir das machen, dann müssen wir das machen, und der allfällige Rest bekommt Sonderbehandlung." Nun stellen Sie sich vor, in einem großen Gerichtsapparat, man findet so ein Dokument. Ich habe es natürlich gleich eingeschlossen, damit nicht die Kollegen es vorher herausbringen in ihrem Prozeß, und dann sagte ich zu einer jungen Dame: "Nun übersetzen Sie das mal ins Englische, wir müssen das dem Chef zeigen, dem damaligen General Taylor. Wir müssen ja etwas tun, die Leute warten, die da teilgenommen haben." Und da sitzt die junge Dame da, eine Amerikanerin, die soll das Wort "Sonderbehandlung" übersetzen. Die soll das Wort übersetzen 'der allfällige Rest', soll das und das. Und da waren furchtbare Ausdrücke drin. Es gab darüber jetzt kürzlich einen Film, der nicht so ganz genau war. Und da saß die über Nacht, mit der Übersetzung, die junge Dame. Ich gehe zu meinem Chef und sage: "General Taylor. Sehen Sie sich das doch mal an. Was sollen wir machen in Fragen der Verhaftung usw.?" Und wie bei jedem amerikanischen Juristen, noch mehr als bei den deutschen Juristen, lautete die erste Frage: "Ist das auch echt?" Ich sagte: "Das ist aus den Akten des Auswärtigen Amtes, aus einem Leitz-Ordner, da stand 'Endlösung', drei Leitz-Ordner mit 'Endlösung' im Auswärtigen Amt." Ich habe noch heute einen solchen Leitz-Ordner, nur den Deckel.

Sie sehen, wie diese Prozesse sich abgespielt haben. Auch der Prozeß Rudi Hess, ein schwieriger Prozeß, über den jetzt in der Öffentlichkeit vieles gesagt wird, was nicht genau stimmt. Ich spreche nicht, - ich sage das ausdrücklich, - über die Frage, ob man jemand vierzig Jahre sitzen lassen soll oder nicht. Das ist eine humanitäre Frage. Aber die juristische Seite war die: Hess hat die antijüdischen

Rassegesetze unterschrieben am 15. September 1935. Er war zuständig für die Beförderung von Beamten. Er mußte gefragt werden, ob die auch okay waren für eine Beförderung. Und da zeigten sich die Mängel, auch die Mängel unseres Gerichtsverfassungsgesetzes. Die Leute waren wegen Kriegsverbrechen angeklagt, ganz allgemein, wegen Verbrechen gegen die Menschlichkeit. Aber die Verbrechen gegen die Menschlichkeit mußten mit dem Kriege zusammenhängen.

15. September 1935 war ja gar kein Krieg, als er die Rassegesetze mitgezeichnet hat. Das wird natürlich in der Debatte verschwiegen. Wir hatten große Schwierigkeiten, um diesen Paragraphen herumzukommen. Ich hatte den Angeklagten Wilhelm Frick angeklagt im ersten Prozeß. Er war früher Chef im Innenministerium. Der Oberchef von all den öffentlichen Irren- und Krankenanstalten, wo die Menschen umgekommen sind. Ich konnte ihn deswegen nicht anklagen, da die Verbrechen von Deutschen gegen Deutsche, auch z.B. die Morde vom 30. Juni '34, weil die Verbrechen von Deutschen gegen Deutsche vor 1939 begangen worden sind. Ich konnte Frick nur deshalb wegen Euthanasie anklagen, weil er als Gouverneur in Böhmen und Mähren auch die dortigen Anstalten 'gereinigt' hatte. Sie sehen also, auf welche Schwierigkeiten man stößt, und ich muß sagen, ohne daß wir uns loben wollen, daß in so kurzer Zeit ein so umfangreicher Strafprozeß durchgeführt werden konnte, das war ein technisches Wunder.

Wir hatten zur damaligen Zeit natürlich noch nicht einmal 50 Prozent von den Sachen gewußt, die in den letzten dreißig, vierzig Jahren herausgekommen sind. Es war schwer, das Beweismaterial zu kriegen. Wo sollte man es herholen? Aber ich glaube, wir hatten damals doch einen Erfolg. Herr Prof. Westphalen hat schon davon gesprochen: die wichtigsten Sätze, die wichtigsten Regeln des Prozesses sind in die deutsche Verfassung, in das 'Grundgesetz' aufgenommen worden. (Keine Angriffskriege dürfen geführt werden, die Menschenwürde ist unverletzlich und all diese Paragraphen.) Und diese damaligen Prozesse haben noch zu etwas anderem geführt: Sie waren eine Schaustellung der Dokumente für die ganze Nachwelt. Die Zeugen waren nur zur Illustration oft da. Aber es stand ja alles geschrieben. Damit es nicht kaputtging, war es von den Nazis noch fotografiert worden.

Und das hatte noch andere Folgen: die Selbständigmachung Israels im Jahre '48 und weitere Folgen. Die Reinigung, der Versuch der Reinigung, den steinernen Weg zur Demokratie sauber zu machen. Wir hatten keinen Fluß, wir hatten keinen solchen Fluß, mit dem der Herkules den Augiasstall gesäubert hatte.

Es ist selbstverständlich, daß dann die Fehler kamen. Nach den Prozessen fing die ungeheure Sucht an, alles beiseite zu wischen, vielfach, um den bisherigen Job zu behalten. Deshalb schickte, die Herren Angehörigen des heutigen Parlaments sollen mir das nicht übelnehmen, das Deutsche Bundesparlament von jeder Partei, es gab damals vier Parteien, zwei zusammen mit dem Staatssekretär im Justizministerium nach Frankfurt zum Hochkommissar John J. McCloy, und sagte: "Zunächst müssen die Todesurteile beseitigt werden, die müssen begnadigt werden, und allmählich müssen die Leute herausgelassen werden. Wir haben so viele Bittbriefe erhalten." Ich fragte damals: "Für wen am meisten?" "Ja, für den Chef aller Konzentrationslager, Oswald Pohl, denn der war zum Tode verurteilt worden, die meisten Bittschriften." McCloy war natürlich nicht sehr begeistert von dem Besuch, auf der anderen Seite war folgendes zu berücksichtigen: Der seinerzeitige amerikanische Außenminister James Byrnes hatte schon im Herbst 1946 in Stuttgart eine große Versöhnungsaktion empfohlen. Man sollte vergessen usw. usw.

Ich persönlich weiß nicht genau, was Versöhnungsaktionen zu tun haben mit der Entlassung von Massenmördern. Und dazu kam folgendes: Damals war Korea, da wurde natürlich auch viel deutsches Material verwandt, Techniken aller Art. Und man hatte die merkwürdige Idee, wenn man die Verbrecher nicht losläßt, dann wird das mit den Lieferungen schlecht. Eine ganz blöde Ansicht! Es wurden dann einige begnadigt, umgewandelte Todesstrafen, aber sämtliche anderen außer den Spandauern vom ersten Prozeß, wurden frühzeitig freigelassen. Sie können sich denken, daß das auf die deutsche Justiz einen unangenehmen psychologischen Effekt hatte. Da kommt heute in dem Prozeß Sowieso jemand, der bei mir zwanzig Jahre gekriegt hatte, das war der Judenverfolger und Chef in Ungarn gewesen, kommt in den Prozeß, von der Verteidigung geladen. Was soll er aussagen: "Der Angeklagte Sowieso, der Angeklagte im Hauptmannsrang von der SS, das war doch ein ganz kleiner Mann, der hatte nichts zu sagen, und ich selbst bin frei." Zu den irrationalen Kräften der richterlichen Urteilstätigkeit gehört ja auch so ein Vorgang; denn wenn so ein Mann kommt und sagt: "Ich bin frei.", (nachdem unter seiner Mitverantwortung 400000 Juden zur "Endlösung" kamen), und da steht der sogenannte "Kleine Mann". Da geht doch im Gehirn eines Richters auch was vor, unausgesprochen. Gerade die Begnadigungen haben dazu geführt, daß eben sehr viele, ich sage das auf Deutsch, sehr viele wieder frechgeworden sind.

Die Umstände häufen sich, die stehen ganz im Gegensatz zu den ersten zwei Jahren nach den Prozessen, wo Ihnen jeder Droschkenkutscher gesagt hat: "Ihr habt denen ja viel zu wenig gegeben." Nein, da kamen Dinge auf wie Generalamnestie, geführt von Leuten, die selbstverständlich selbst in irgendeiner Weise beteiligt waren. Und so kommt es dazu, daß heute diese Anzeichen einer üblen Taktik, Anzeichen von internationalen Sachen, wieder auftauchen. Ich werde etwas Komisches sagen, und das sage ich sehr in Anführungsstrichen, damit ich nicht von unseren Vertretern, polizeilichen Vertretern, hier beschimpft werde: "Die Polizei ist eben nicht scharf genug." Ich will sagen, die Polizei, da fängt's an und geht dann weiter, ist nicht scharf genug. Und das ist ein sehr unerfreulicher Zustand. Sie sehen also, wie sich solche Sachen auswirken; daß damals nicht mehr "reiner Tisch gemacht worden ist", besonders hat man das später auch im Auswärtigen Amt noch gesehen.

Ich habe öfters Leute ins Auswärtige Amt geschickt und gesagt: "Vielleicht gibt's deutsche Beamte, mit denen ich zu tun hatte, vielleicht ist das was für Euch." Und da kam einer hin, ein früherer Landgerichtsdirektor und man sagte ihm: "Ach, das ist ja nett, daß Sie kommen." Ich sage: "Wieso?" "Wir brauche solche Feigenblätter wie Sie", sagt der Idiot. Ich habe selbst gegen die Sachen angekämpft, manches hat genützt, manches hat nichts genützt. Ich habe heute, wie Herr Westphalen

robert m. w.
kempner
mit
mitarbeiterin
jane lester

schon gesagt hat, noch sehr viel mit den Dingen zu tun. Sie werden mir sagen: "Was ist denn noch heute zu tun?" Ja, da sind in Amerika, in Israel, in Südamerika und Australien Leute, die gesundheitlich geschädigt worden sind und dafür eine kleine Rente bekommen. 68, 72 Jahre, krank, Berufsschaden, der teilweise ersetzt worden ist. Die alten Frauen, die alten Damen, die verstehen ja gar kein Formular, die wissen nicht mal, was zu tun, was sie als Witwenrente zu bekommen haben. Und ich tue das gerne, auch auf meine Kosten, denn ich kenne diese Opfer und will sie nicht abschütteln, obwohl das eine große Anstrengung ist.

Am 13. Dezember vorigen Jahres habe ich an die Deutsche Bank geschrieben, sie soll nicht ohne weiteres das Vermögen von Flick übernehmen. Das Geld ist teilweise mit Blut belastet. Ich bekam Mitte Januar einen Anruf von der Deutschen Bank: "Wir haben heute fünf Millionen gezahlt an die betreffende Jüdische Organisation, damit die vergessenen Zwangsarbeiter noch etwas bekommen." Diese Organisation hatte mit dem Vater Flick schon vor dreißig Jahren verhandelt, alles war schon perfekt, und im letzten Augenblick hat Herr Flick abgesagt: "Ich mache keine Sachen, die als Zugeständnis gewertet werden können." Die Sache hatte unerhörte Folgen, und das weiß besonders auch der hier anwesende geschätzte Bundestagsabgeordnete Dr. Alfred Emmerlich; denn jetzt wehren sich natürlich andere, die kein Geld bekommen haben. All die Zwangsarbeiter, das ist eine interessante Sache, all die Zwangsarbeiter von damals, sind nämlich nicht sozialversichert worden. Die kriegen nichts, wenn sie 65 Jahre alt sind. Das hat man vergessen. In boshafter Weise haben die Betriebe, die Zwangsarbeiter beschäftigt haben, das einfach nicht getan, mit wenigen Ausnahmen.

Und da stehe ich nun, auch wie zuvor, heiße Magister, heiße Doktor gar, und diese Sachen schleppen sich immer weiter. Ich spreche nicht allgemein von der Justiz, aber von diesen Prozessen, den NS-Prozessen. Die Leute kommen erst jetzt heraus. Und das, was ich eigentlich etwas sonderbar fand, ist folgendes: Auch wenn Leute, auch wenn frühere Beamte bestraft worden sind in Nürnberg, beziehen die noch heute Pensionen. Dieselben, die Mörder beziehen noch heute Pensionen in vielen Fällen. Und dazu gehört ja auch der Herr Freisler vom Volksgerichtshof, dessen Witwe erhebliche Bezüge mit einer Begründung erhält, die ursprünglich unerhört war. Ich habe nichts dagegen, daß Witwen Pensionen bekommen haben, aber es gibt auch welche, die sehr frech sind. So hat an mich eine ältere Dame geschrieben, die ist nicht meine Mandantin geworden, sonst könnte ich das nicht erzählen. Eine ältere Dame hat an mich geschrieben: "Bitte sorgen Sie doch dafür, daß ich für meinen verstorbenen Mann Pension bekomme.", unterschrieben, Frau Sowieso Heydrich. Stellen Sie sich das vor! "Mein zweiter Mann ist gestorben, kann ich zurückgreifen auf die Pension meines ersten Mannes.?" Die arme Frau hat nur einen Fehler gemacht: Das muß nämlich drei Monate nach dem Tode des zweiten Mannes geregelt werden, sonst ist es aus.

Wie kommen solche Leute dazu, zu mir zu kommen? Das ist natürlich sehr verschieden, viele Leute kennen mich. Aber hoffentlich sind nicht hier allzu viele Journalisten, es gibt sehr viele Journalisten, die von Leuten Interviews haben und so, und dann klagen diese Menschen, so die Witwe Heydrich, denen natürlich ihr

Leid vor, daß sie keine Pension für Reinhard Heydrich kriegt, und da sagt der betreffende Journalist in einer gewissen Güte: "Na schreiben Sie doch einfach mal an Kempner. Vielleicht übernimmt der das." Und dann kommen solche Leute zu mir. Ich werfe das nicht in den Papierkorb. Ich habe einem Kollegen, der Verteidiger in Nürnberg war, gesagt: "Wenn Sie das machen wollen, dann machen Sie's. Ich übernehme solche Sachen nicht." Aus ganz anderen Gründen, persönlicher Natur, mußte ich ablehnen, als sich die Tochter von Thälmann an mich gewandt hat, wegen der Ermordung ihres Vaters im Lager. Rechtsanwalt Heinrich Hannover übernahm den Fall. Das Gericht hat ja nun ein Urteil gefällt (vier Jahre oder so) gegen einen Beteiligten Beamten des Lagers Buchenwald, während die Staatsanwaltschaft Freispruch beantragt hatte. Das Gericht hat aber sehr vernünftig gesagt: "Ja, das war doch ein großer Club, der zusammengehört hat, der eine hat geschossen, der andere hat die Tür aufgehalten, und der dritte hat das in das Erschießungsbuch eingetragen, der vierte hat den Mann nachher vielleicht verbrennen lassen. Nach der Rechtssprechung des Reichsgerichts ist das eine zusammengehörige Gruppe, die bestraft wird."

Also, ich habe Ihre Aufmerksamkeit lange genug in Anspruch genommen, aber ich wollte einiges erzählen, von dem ich dachte, daß es Sie interessiert. Ich danke Ihnen vielmals, seien Sie mir nicht böse, Herr Westphalen und vor allen Dingen auch alle anderen hier, daß ich meine Zeit überschritten habe. Ich will niemand anklagen, ich glaube, ich habe noch länger als Herr Westphalen gesprochen. Aber ich bitte auch in seinem Namen um Freispruch.

Eine Sekunde noch! Da ich etwas geschenkt bekommen habe, will ich auch der Universität hier etwas schenken. Ich habe eine kleine Gabe mitgebracht. Ich habe aus den Akten Remarque mitgebracht: die Abschrift der amtlichen Verfügung der Geheimen Staatspolizei über das Verbot der Bücher von Remarque vom Dezember 1933. Ich habe mitgebracht, wie nicht nur "Im Westen nichts Neues", sondern auch "Der Weg zurück" von Remarque beschlagnahmt wurde, weil es zur öffentlichen Ruhestörung führen würde. Und ich habe ferner mitgebracht einige andere Dokumentenkopien, die ich der Universität verehre. Ich habe sie mit Mühe und Not noch entdeckt und will sie nachher, wenn ich das ein bißchen geordnet habe, übergeben. Ich hoffe, daß kleine Geschenke die Freundschaft mit der Universität und dem Ort, Ihrer schönen Stadt, weiter erhalten.

Ich begrüße, weil ich das vorhin nicht konnte, eine alte Freundin, die Witwe von Martin Niemöller, und auch besonders den Herrn Bundestagsabgeordneten Alfred Emmerlich, der so oft für die Nazi-Opfer eingetreten ist.

die endlösung der judenfrage

auszug
aus
den
vernehmungs-
protokollen

E ines der furchtbarsten Dokumente der Geschichte ist das Protokoll der Staatssekretärskonferenz vom 20. Januar 1942, der sogenannten Wannsee-Konferenz über die Endlösung der Judenfrage. Reinhard Heydrich, der Chef des Reichssicherheitshauptamtes, hatte die höchsten Vertreter der obersten Reichsbe-hörden eingeladen, um mit den einzelnen Ministerien die Ausrottung der europäischen Juden zu koordinieren, deren Zahl er auf etwa elf Millionen bezif-ferte. Er trug die Einzelheiten der beabsichtigten Endlösung unmißverständlich vor. Der Plan, dem mehr als die Hälfte der europäischen Juden zum Opfer fiel, hatte, wie das Protokoll ausweist, das folgende Ziel:
»Unter entsprechender Leitung sollen nun im Zuge der Endlösung die Juden in geeigneter Weise im Osten zum Arbeitseinsatz kommen. In großen Arbeitsko-lonnen, unter Trennung der Geschlechter, werden die arbeitsfähigen Juden stra-ßenbauend in diese Gebiete geführt, wobei zweifellos ein Großteil durch natür-liche Verminderung ausfallen wird. Der allfällig endlich verbleibende Restbe-stand wird, da es sich bei diesem zweifellos um den widerstandsfähigen Teil han-delt, entsprechend behandelt werden müssen, da dieser, eine natürliche Auslese darstellend, bei Freilassung als Keimzelle eines neuen jüdischen Aufbaues anzu-sprechen ist (siehe die Erfahrung der Geschichte).«

Das Protokoll der Wannseekonferenz

Adolf Eichmann wurde in seinem Prozeß in Jerusalem von Generalstaatsanwalt Gideon Hausner gefragt, ob das Protokoll der Sitzung, an der er teilgenommen hatte, zutreffend sei.
Eichmann: »Das Protokoll gibt die wesentlichen Punkte sachlich korrekt wieder, nur natürlich ist es kein wortgetreues Protokoll, weil die, sagen wir mal, gewissen Auswüchse, gewisser Jargon in dienstliche Worte von mir zu schreiben waren ...«

Der Mord-Charakter des Programms war also noch drastischer in der Sitzung zum Ausdruck gekommen als in dem bereits unmißverständlichen Protokoll.

Auf eine Frage seines Verteidigers Dr. Servatius fuhr Eichmann fort: »... Die Stimmung fand ihren sichtbaren Niederschlag in der aufgelockerten und zufrie-denen Haltung Heydrichs... Hier auf der Wannseekonferenz sprachen nun die Prominenten des damaligen Reiches, es befahlen die 'Päpste', ich hatte zu gehor-chen und daran dachte ich in all den kommenden Jahren ...«

Als die 'Päpste' betrachtete der SS-Obersturmbannführer Eichmann die Staats-sekretäre und hohen Beamten des Innenministeriums, des Justizministeriums, der Reichskanzlei, des Auswärtigen Amtes, des Ostministeriums, der Parteikanzlei und des Generalgouvernements in Polen, die als Programmierer an diesem Tage den Mordcomputer fütterten. Unter ihnen befand sich auch als Vertreter von Görings 'Vierjahresplan' der Staatssekretär Erich Neumann, ein alter preußischer Beamter (geboren 1892 in Forst, Lausitz). Was hatte er über die Konferenz zu berichten?

DR. KEMPNER: Wir haben uns lange nicht gesehen; erinnern Sie sich an mich?

STAATSSEKRETÄR NEUMANN: In Oberursel (im Taunus, Vernehmungszentrum).

F. Richtig. Seitdem haben wir uns nicht gesehen, das ist jetzt bald zwei Jahre her. Jetzt wird auch der Tag kommen, wo wir uns einmal über Ihr persönliches Schicksal unterhalten müssen. Es gibt nicht viele Leute, die wie Sie an entscheidenden Sitzungen teilgenommen haben.

A. Das kann ich selbst wenig beurteilen . . .

F. Herr Neumann, ich will Ihnen mal was sagen: Wenn Sie jetzt als früherer Staatssekretär Ihre damalige Stellung und ihre Bedeutung mir gegenüber zu verringern suchen, so ist das Ihr gutes Recht, absolut. Sie brauchen sich nicht mit mir zu unterhalten, wenn Sie nicht wollen. Ich will Ihnen aber was anderes sagen: Ich denke nicht daran, mich mit Ihnen zu unterhalten, wenn Sie mir solche Sachen erzählen.
Wie viele Staatssekretäre gab's im Dritten Reich? Ca. 50, nicht wahr?

A. Ja.

F. Das waren die Herren, die die Sachen wußten. In den Sitzungen wurde sehr klar gesprochen. Unser verstorbener Reichsmarschall hat kein Blatt vor den Mund genommen.

A. Göring hat sehr viele Dinge gesagt, die nur aus seiner besonderen Persönlichkeit heraus zu bewerten sind.

F. Haben Sie mit den Judenangelegenheiten einmal zu tun gehabt, oder war das außerhalb Ihres Ressorts?

A. Das war außerhalb meiner Aufgabe.

F. Ist Ihnen bekannt, daß die Juden im Osten umgebracht worden sind?

A. Das habe ich erst gehört.

F. Wann ist Ihnen zum ersten Mal bekannt geworden, daß ein soches Programm amtlich in Kraft gesetzt wird?

A. Während meiner Gefangennahme.

F. Amtlich haben Sie früher nicht davon gehört?

A. Niemals.

F. Ich meine als Staatssekretär des Vierjahresplanes.

A. Der Vierjahresplan als solcher hatte mit der Judensache nichts zu tun.

F. War diese Affäre nicht in aller Mund?

A. Nein.

F. Zur Vorbereitung dieser Dinge müssen doch Besprechungen stattgefunden haben.

A. Das mag sein.

F. Sind Sie nicht vielleicht einmal eingeladen gewesen zu solch einer Besprechung?

A. Nein.

F. Wer, glauben Sie, wurde eingeladen? Welches Ressort?

A. Die politischen Ressorts. Ich nehme an, das Innenministerium, die Reichskanzlei.

F. Wer noch?

A. Das sind die beiden hauptsächlichen politischen Ressorts. Soweit Wirtschaftsdinge in Frage kamen, wird das Wirtschaftsministerium zuständig gewesen sein, ebenso für Arisierungen.

F. Kannten Sie Himmler? Haben Sie einer Besprechung mit ihm beigewohnt?

A. Niemals.

F. Kannten Sie Heydrich?

A. Ja.

F. Hatte er Besprechungen mit Ihnen?

A. Nein.

F. Hatten Sie mit diesen Judendingen gar nichts zu tun?

A. Nein, mit diesen nicht. Göring hatte nach dem Pogrom von 1938 den Auftrag gehabt, diese Sache zu bereinigen, und hat Sitzungen abgehalten, von denen ich auch gehört habe.

F. Haben Sie daran teilgenommen?

A. Ich habe an einer Besprechung im Luftfahrtministerium teilgenommen.

F. Wann?

A. Nach den Novemberereignissen 1938.

F. War das die berühmte Besprechung, bei der Stuckart war?

A. Das kann ich nicht sagen. Es war eine Besprechung, wo Göring sagte, er habe den Auftrag, die Wiederholung solcher Dinge zu vermeiden.

F. Weil das so etwas Schreckliches sei?

A. Ja.

F. Wann haben Sie sich mit Himmler oder Heydrich unterhalten?

A. Ich habe mich nie mit ihnen unterhalten. bei Empfängen hat man sich begrüßt, und damit war es aus.

F. Wohnten Sie in Dahlem am Botanischen Garten?

A. In Lichterfelde.

F. Kenne Sie den Wannsee?

A. Natürlich.

F. Erinnern Sie sich an die Straße „Am Großen Wannsee"?

A. Ja.

F. War das eine Dienststelle?

A. Ich denke, das war die Wohnung von Funk. (Reichswirtschaftsminister)

F. Wo war die?

A. Ich kann es nicht beschwören. Ich nehme an, daß es die Straße war.

F. Was haben Sie unter der Endlösung der Judenfrage verstanden?

A. Wir hatten dienstlich nichts damit zu tun.

F. Außerdienstlich?

A. Auch nicht. Ich habe allen Juden geholfen, die sich an mich wandten. Vierzehn Namen.

F. Glauben Sie, daß das sehr schwer wiegt, wenn jemand vierzehn Juden geholfen hat, aber an der Endlösung der Judenfrage mitgewirkt hat?

A. Da ich sonst nichts tun konnte, habe ich für die einzelnen Juden das Möglichste getan.

F. Ich kann nicht verstehen, daß Sie als Staatssekretär des Vierjahresplanes nichts von der Endlösung der Judenfrage wußten.

A. Das erklärt sich aus dem Aufgabenbereich des Vierjahresplanes. Wir hatten uns mit Wirtschaftssachen zu befassen, nicht mit politischen.

F. Nun waren Sie im Gegensatz zu Ihren heutigen eidlichen Angaben am 20. Januar 1942 am Großen Wannsee Nr. 56 bei der Besprechung über die Endlösung der Judenfrage, wo Ihnen erzählt wurde, daß die Juden langsam, aber sicher umgebracht wurden.

A. Ganz sicher nicht.

F. Sie haben nicht an der Sitzung am Großen Wannsee teilgenommen, wo Heydrich sein Programm entwickelt hat?

A. Nein.

F. Unangenehm, daß Sie dabei waren. Wir haben es schwarz auf weiß. Es war am 20. Januar 1942.

A. Das verstehe ich nicht. Das kann ich mir gar nicht denken; denn ich habe im Mai 1942 meinen letzten Dienst getan und bin dann ausgeschieden. (Er wurde dann Generaldirektor eines mit dem Staat verbundenen Betriebes für 150 000 Mark Jahresgehalt.)

F. Das war aber im Januar. Die Besprechung über die Judenfrage fand im Januar 1942 statt. Es hat keinen Zweck, sich herauszureden. Sie sind nun in dieser Geschichte drin. Es hieß damals, die Juden, die arbeiten können, sollen durch die Arbeit umkommen, die anderen dann so.

A. Das höre ich von Ihnen das erste Mal.

F. Nachdem Sie es am 20. Januar 1942 durch Herrn Heydrich gehört haben.

A. Nein. Ich habe es nicht gehört.

F. Sie haben übrigens in einer Villa gewohnt in Berlin-Dahlem, die von einem Juden enteignet war. Die haben Sie dann später behalten, nicht wahr?

A. Nein. Die hat zwei Jahre leergestanden.

F. Sie wußten doch, daß es ein enteignetes Juden-Haus war?

A. Das habe ich später erst gehört.

F. Wenn Sie mir offen was zu sagen haben, wenn Sie das wollen, dann unterhalten wir uns wieder; sonst habe ich leider keine Zeit für Sie. Ich danke schön. Schreiben Sie mir, wenn Sie mich sprechen wollen.

A. Ich bin gern bereit, über alles, was Sie mich fragen, selbstverständlich Auskunft zu geben.

F. Von einem Staatssekretär erwarte ich eine andere Art Stellungnahme; ein früherer preußischer Staatssekretär steht zu seinen Sachen.

Staatssekretär Erich Neumann, der während seiner Vernehmungen am 18. und 23. April 1947 in Nürnberg in Haft war, wurde Anfang 1948 aus Krankheitsgründen entlassen. Die deutschen Strafverfolgungsbehörden sollten sich danach mit seinem Fall befassen. Es kam aber zu keinem Verfahren, und Neumann starb einige Jahre später. Das Strafverfahren gegen einen anderen Staatssekretär, der sich ebenfalls nicht an seine Teilnahme an der Mordsitzung erinnern konnte, wurde von der Staatsanwaltschaft in Ulm eingestellt. Der Konferenzteilnehmer, Staatssekretär Wilhelm Stuckart vom Reichsinnenministerium, wurde im Wilhelm-

straßen-Prozeß zu der milden Strafe von drei Jahren und zehn Monaten verurteilt; einige Jahre nach seiner Entlassung starb er durch einen tödlichen Autounfall.

Das Protokoll der Wannseekonferenz, das meine Mitarbeiter erst im Laufe des Wilhelmstraßen-Prozesses in den Akten des Auswärtigen Amtes gefunden hatten, wurde eines der wichtigsten Dokumente der Anklage. Hätte es schon im Prozeß gegen Göring und Genossen vor dem Internationalen Militärtribunal vorgelegen, so wären die Angeklagten noch schwerer als ohnehin schon belastet gewesen. (Das vollständige Protokoll der Wannsse-Konferenz ist in meinem Buch „Eichmann und Komplizen" abgedruckt. Es enthält die wichtigsten deutschen Dokumente zur Geschichte der Judenvernichtung.)

Der Text ist dem Buch entnommen:
Robert M.W. Kempner, Das Dritte Reich im Kreuzverhör. Aus den Vernehmungsprotokollen des Anklägers. Düsseldorf 1984. S. 188 - 193

ERICH MARIA REMARQUE   PORTO RONCO S. ASCONA
                                        (SCHWEIZ)

Lieber Don Roberto; wir waren längere Zeit in Venedig und bei der Rückkehr fand
ich Ihren wichtigen und aufschlußreichen Brief vor, den ich gern besprochen hätte, wenn ich
nur, wie viele andere Schriftsteller, persönliche Beziehungen zu einer deutschen Zeitung hätte. Ich
habe, so sonderbar es klingt, keine und nie welche gehabt, – deshalb habe ich auch fast nie in
40 Jahren etwas besprechen können, (im Ganzen 2 mal) wenn ich nicht dazu aufgefordert würde.
So muß es leider genügen, daß ich Ihnen sage, daß ich das Buch mit größtem Interesse gelesen habe und daß es gerade durch die Dialogue und Verzeichnungen der halben und Viertel-
nazis, die versteckten Mitläufer und die Nichtstuer außerordentliche Schlaglichter wirft, von den
großen anderen Verzeichnungen und Verluste ganz abgesehen. Sollte Ihr Verleger ein Kreuz-
band für das Buch oder einen Prospekt planen, so könnte ich gern dafür etwas schreiben.
Es ist wichtig, daß die Vergessenswelle, die seit über dem satten Deutschland liegt, immer
wieder unterbrochen wird.

Ich hörte, daß Sie 70 Jahre alt werden und gratuliere Ihnen als 71 jähriger dazu auf
das herzlichste. Ihren Büchern nach sind Sie vierzig, Ihrer Erfahrung nach achtzig, und
Ihrer Persönlichkeit und Ihrem Geiste nach etwa fünfundfünfzig, – zusammen also
etwa 60. Und das werden Sie die nächsten 30 Jahre lang bleiben, das weiß ich.
Ihre Klarheit und Ihre Frische und Ihre gerechte Objektivität und Ihr Humanismus, sind ein Kristall, der zum Glück vollkommen vom deutschen Nebel
verschont geblieben ist.

Wir hoffen, daß Sie auch dieses Jahr wieder nach dem Tessin kommen und
freuen uns sehr darauf. Tausend Grüße und Wünsche Ihnen und Benedikta
von Paulette und Ihrem alten Bewunderer   Erich Maria Remarque

64

Der Polizeipräsident in Berlin

Abteilung W
Berlin-Schöneberg, Gothaer Straße 19

An

das Geheime Staatspolizeiamt

B e r l i n SW.11,
Prinz Albrechtstr. 8.

Eingangs- und Bearbeitungsvermerk

> Geh. Staatspolizeiamt
> Eing. **17. AUG. 1935**
> Nr. ∏ 2

Geschäftszeichen und Tag Ihres Schreibens	Geschäftszeichen und Tag meines Schreibens
II D.815.33 12.12.1933.	W.8.8030/35. 14.August 1935.

Betrifft:

Mit dortiger Verfügung ist das Buch " Der Weg zurück' von Erich Maria Remarque, Prophyläem-Verlag, Berlin SW.68, rechtswirksam zu Gunsten des Preußischen Staates einge- zogen worden. Es wurden im ganzen 34 558 Exemplare be- schlagnahmt. Von diesen beschlagnahmten Büchern sind nach Mitteilung der Staatspolizeistelle vom 18.9.1934 - Stapo 6 - 63 Exemplare an diese abgegeben worden. Jch bitte um Mitteilung, wieviel Exemplare der dortigen Bibliothek überführt und wieviel vernichtet worden sind. Ferner bitte ich um Mitteilung, wo der Erlös für das Altmaterial geblieben ist.

Jm Auftrage:

gez. **W i l l .**

Beglaubigt:

.-Kanzleiangestellter.

Tln A 8
210×297 mm
Vordruck
Pol. Nr. 2
W

Anlagen

Fernruf:
Berlin
G. 1 Amt Stephan 2701

An

DEUTSCHE ALLGEMEINE ZEITUNG
Freitag, 24.Februar 1933 - Freitagabend - Nr.94

Der Chefjustitiar der Polizei beurlaubt

Der langjährige Justitiar der Polizeiabteilun
des Preußischen Innenministeriums, Oberregierungsra
K e m p n e r, ist beurlaubt worden und wird auf
seinen Posten im Innenministerium nicht mehr zurück
kehren.

Oberregierungsrat K e m p n e r war in den
letzten 5 Jahren der für die Führung aller Prozesse
der Preußischen Polizei maßgebende Beamte. Zu seine
umfangreichen Arbeitsgebiet, das besondere Kenntni:
auf allen Rechtsgebieten voraussetzte, gehörten di
Schadenersatzprozesse gegen den Polizeifiskus, gege
Schußwaffen- und Gummiknüppelgebrauch, wegen der
Unfälle von Polizeiautos und wegen der Zeitungsver-
bote sowie die letztinstanzliche Prüfung aller Ver-
träge der Polizei. Auch die in letzter Zeit besond
wichtigen Tumultschädenangelegenheiten lagen in
seiner Hand. Der wissenschaftlichen Öffentlichkeit
ist Dr.K e m p n e r als Mitschöpfer des Polizei-
verwaltungsgesetzes, als Mitverfasser des führende:
Kommentars dazu, als Mitarbeiter des von Staats-
minister D r e w s ....herausgegebenen Polizeirec
bekannt, einer weiteren Öffentlichkeit durch seine
mehrfachen Studienreisen auf dem Balkan, besonders
in Albanien.

Deutscher Reichsanzeiger
und
Preußischer Staatsanzeiger.

Erscheint an jedem Wochentag abends. **Bezugspreis** durch die Post monatlich 2,30 RM einschließlich 0,48 RM Zeitungsgebühr, aber ohne Bestellgeld; für Selbstabholer bei der Anzeigenstelle 1,90 RM monatlich. Alle Postanstalten nehmen Bestellungen an; in Berlin für Selbstabholer die Anzeigenstelle SW 68, Wilhelmstraße 32. Einzelne Nummern dieser Ausgabe kosten 30 Pf., einzelne Beilagen 10 Pf. Sie werden nur gegen Barzahlung oder vorherige Einsendung des Betrages einschließlich des Portos abgegeben. Fernsprech-Sammel-Nr.: 19 33 33.

Anzeigenpreis für den Raum einer fünfgespaltenen 55 mm breiten Petit-Zeile 1,10 RM, einer dreigespaltenen 92 mm breiten Petit-Zeile 1,85 RM. — Anzeigen nimmt an die Anzeigenstelle Berlin SW 68, Wilhelmstraße 32. Alle Druckaufträge sind auf einseitig beschriebenem Papier völlig druckreif einzusenden, insbesondere ist darin auch anzugeben, welche Worte etwa durch Fettdruck (einmal unterstrichen) oder durch Sperrdruck (besonderer Vermerk am Rande) hervorgehoben werden sollen. — Befristete Anzeigen müssen 3 Tage vor dem Einrückungstermin bei der Anzeigenstelle eingegangen sein.

Nr. 246 Reichsbankgirokonto Nr. 1913 bei der Reichsbank in Berlin — Berlin, Freitag, den 21. Oktober, abends — Postscheckkonto: Berlin 41821 **1938**

Inhalt des amtlichen Teiles.
Deutsches Reich.

Bekanntmachung über den Londoner Goldpreis.
Bekanntmachung über den Widerruf von Einbürgerungen und die Aberkennung der deutschen Staatsangehörigkeit.
Begründung zum Gesetz zur Ordnung der Krankenpflege.
Bekanntmachung des Reichsführers ⅏ und Chefs der Deutschen Polizei über das Verbot der Verbreitung von ausländischen Druckschriften im Inland.
Bekanntmachung KP 635 der Ueberwachungsstelle für Metalle vom 20. Oktober 1938 über Kurspreise für Metalle.
Bekanntmachung über die Ausgabe des Reichsgesetzblatts, Teil I, Nr. 171.

Amtliches.
Deutsches Reich.

Bekanntmachung über den Londoner Goldpreis

gemäß § 1 der Verordnung vom 10. Oktober 1931 zur Aenderung der Wertberechnung von Hypotheken und sonstigen Ansprüchen, die auf Feingold (Goldmark) lauten (Reichsgesetzbl. I S. 569).

Der Londoner Goldpreis beträgt am 21. Oktober 1938 für eine Unze Feingold . . . . 148 sh. 2¼ d; in deutsche Währung nach dem Berliner Mittelkurs für ein englisches Pfund vom 21. Oktober 1938 mit RM 11,87 umgerechnet . . . . RM 86,7746, für ein Gramm Feingold demnach . . pence 56,4084, in deutsche Währung umgerechnet . . . . RM 2,78987.

Berlin, den 21. Oktober 1938.

Statistische Abteilung der Reichsbank.
Reinhardt.

Bekanntmachung.

Auf Grund des § 2 des Gesetzes über den Widerruf von Einbürgerungen und die Aberkennung der deutschen Staatsangehörigkeit vom 14. Juli 1933 (RGBl. I S. 480) erkläre ich im Einvernehmen mit dem Herrn Reichsminister des Auswärtigen folgende Personen der deutschen Staatsangehörigkeit für verlustig:

24. Kaufmann, Albert, geb. am 13. 6. 1892 in Commern (Rheinland).
25. Kaufmann, Selma geb. Levi, geb. am 20. 12. 1897 in Wiesbaden-Erbenheim.
26. Kempner, Robert, geb. am 17. 10. 1899 in Freiburg-Breisgau.
27. Leven, Erna geb. Marcus gesch. Lehmann, geb. am 22. 9. 1887 in Köln.
28. Lewek, Leon, geb. am 18. 11. 1868 in Grätz.
29. Lewek, Gertrud geb. Ephraim, geb. am 9. 5. 1875 in Bromberg.
30. Liebmann, Ludwig, geb. am 6. 7. 1873 in Weinheim a. d. Bergstraße.
31. Lilienfeld, Siegfried, geb. am 12. 4. 1887 in Gudensberg.
32. Löwenstein, Hugo, geb. am 5. 6. 1886 in Rexingen (Krs. Horb).
33. Lustig, Bernhard, geb. am 28. 8. 1884 in Fechenbach.
34. Maron, Alfred Walter, geb. am 16. 12. 1901 in Dresden.
35. Mayer, Max, geb. am 6. 3. 1896 in Bollendorf (Krs. Bitburg).
36. Meyer, Feodor, geb. am 24. 11. 1881 in Hannoversch Münden.
37. Meyer, Isaak, geb. am 16. 2. 1864 in Dransfeld.
38. Meyer, Benno, geb. am 27. 8. 1868 in Hannoversch Münden.
39. Meyer, Julius, geb. am 26. 9. 1890 in Hachen (Krs. Arnsberg).
40. Michaelis, Alfred, geb. am 15. 10. 1881 in Grauſee.
41. Neuberg, Werner, geb. am 22. 1. 1910 in Berlin.
42. Oppenheimer, Josef, geb. am 29. 5. 1877 in Fürth.
43. Regensteiner, Ludwig, geb. am 9. 9. 1889 in Augsburg.
44. Reißner, Albert, geb. am 5. 3. 1883 in Chemnitz.
45. Rieß, Walter, geb. am 15. 12. 1884 in Czarnikau.
46. Rothenberg, Carl, geb. am 10. 10. 1876 in Bleicherode.
47. Salomon, Gottfried, geb. am 21. 11. 1892 in Frankfurt (Main).
48. Simon, Albert, geb. am 18. 7. 1885 in Hamm (Sieg).
49. Simon, Paula geb. Löwenstein, geb. am 28. 12. 1890 in Hohenlimburg.
50. Sommer, Albert, geb. am 15. 7. 1879 in Weinheim a. d. Bergstr.
51. Sonnenberg, Moses, geb. am 21. 11. 1883 in

Marianne Lotte Eisemann, geb. am 9. 6. 1928 in Frankfurt/Main.
Mario Moses Eisemann, geb. am 3. 12. 1930 in Frankfurt/Main.
Lise Engel, geb. Steinheimer, geb. am 9. 12. 1898 in Nürnberg.
Eva Mirjam Engel, geb. am 8. 9. 1921 in Nürnberg,
Gerhard Fröhlich, geb. am 8. 2. 1924 in Nürnberg.
Hans Rainer Engel, geb. am 9. 2. 1929 in Nürnberg,
Hella Ephraimsohn, geb. Römer, geb. am 5. 9. 1895 in Hamburg,
Vera Lotte Felsenstein, geb. Hirsch, geb. am 23. 1. 1910 in Frankfurt/Main.
Jenny Fleischer, geb. Berent, geb. am 28. 6. 1874 in Konitz,
Herbert Fleischer, geb. am 3. 1. 1903 in Danzig,
Hildegard Freudenberg, geb. Grünfeld, geb. am 23. 11. 1899 in Landeshut (Schlesien).
Peter Hermann Philipp Freudenberg, geb. am 20. 12. 1924 in Berlin,
Ernst Julius Heinrich Freudenberg, geb. am 19. 12. 1927 in Berlin,
Franziska Frieda Fröhlich, geb. Schwarz, geb. am 2. 12. 1878 in Rexingen,
Herbert Fröhlich, geb. am 9. 12. 1905 in Rexingen,
Albrecht Fröhlich, geb. am 22. 5. 1916 in München,
Else Goldschmidt, geb. Grimer, geb. am 20. 3. 1906 in Katernberg,
Ruth Betty Goldschmidt, geb. am 14. 9. 1933 in Lich,
Simon Grünbaum, geb. am 23. 4. 1921 in Würzburg,
Henriette Grüneberg, geb. Levy, geb. am 6. 9. 1883 in Beuel,
Karl Grüneberg, geb. am 18. 7. 1909 in Bonn,
Alfred Grüneberg, geb. am 31. 5. 1910 in Bonn,
Hilde Kahn, geb. Goldschmidt, geb. am 7. 3. 1917 in Prag,
Ellen Kaufmann, geb. am 16. 6. 1927 in Wiesbaden-Erbenheim,
Ruth Lydia Kempner, geb. Hahn, geb. am 8. 7. 1904 in Geislingen,
Anneliese Leven, geb. am 21. 7. 1920 in Krefeld,
Lore Liebmann, geb. am 5. 4. 1921 in Schlüchtern,
Metel Lilienfeld, geb. Wolf, geb. am 16. 9. 1892 in Schlüchtern,
Gretel Lilienfeld, geb. am 12. 4. 1922 in Helmstedt,
Kurt Lilienfeld, geb. am 7. 2. 1925 in Helmstedt,
Pauline Löwenstein, geb. Benz, geb. am 2. 2. 1880

erich maria
remarque
in
porto ronco

'ankläger einer epoche'

interview
mit
robert m.w.
kempner

von
angela gutzeit

Frage: Herr Kempner, Sie bekommen morgen früh vom Fachbereich Sprache, Literatur, Medien der Universität Osnabrück den Doktorgrad ehrenhalber verliehen. Haben Sie eigentlich irgendwelche Beziehungen zu Osnabrück? Was verbindet Sie mit dieser Stadt?

Kempner: Zu Osnabrück habe ich eine ganz besondere Beziehung. Ich war jahrelang mit dem Schriftsteller Erich Maria Remarque, der ja aus Osnabrück kommt, befreundet. Außerdem war ich sein Anwalt. Ich kenne ihn daher und seine guten Taten, seine guten politischen Taten, ganz genau. Ich lernte ihn vor den dreißiger Jahren kennen. Ich selbst habe damals sehr viel für den Ullstein Verlag geschrieben. Dieses Haus war damals als einziger Verlag an Remarque interessiert. Die Anderen haben ihn nach Hause geschickt. Ich kannte den Lektor, der Remarques Manuskript „Im Westen nichts Neues" angenommen hat, wobei man noch zweifelte, ob das ein Reinfall werden würde oder nicht.

Frage: An was erinnern Sie sich noch in Zusammenhang mit Remarque und der Berliner Zeit?

Kempner: Ja, ich hatte schließlich auch sozusagen dienstlich mit ihm zu tun. Ich war damals 29 oder 30 Jahre alt und Justitiar der Polizeiabteilung des Preußischen Innenministeriums. Eines Tages kam ein Anruf vom Berliner Polizeipräsidium. „Wir haben die Aufführung von Erich Maria Remarques Buchverfilmung im Kino am Nollendorfplatz verbieten müssen", sagte er, um dem Ministerium zu berichten. Ich sagte: „Wie können Sie denn den Remarque verbieten? Das ist doch komisch, gerade zur heutigen Zeit!" Der Polizeipräsident erklärte mir: „Ja, wir haben ihn nicht verboten, weil er der Polizei nicht paßt, sondern weil der Goebbels dort im Kino hat weiße Mäuse rennen lassen." „Was machen Sie denn nun?" fragte ich ihn. Die Antwort war: „Wir warten bis sich das ein bißchen beruhigt hat. Das Verbot wird natürlich aufgehoben." Und später, 1933, ist Remarque offiziell in die Schweiz übergesiedelt; nach Kriegsbeginn weiter nach Amerika. Dort hatte ich mit ihm zu tun. Da kamen Urheberrechtsfragen auf und Remarque fragte mich um Rat. Nach Kriegsende hatte ich als Anwalt viele Schriftsteller-Mandanten, die aus Deutschland geflüchtet waren, zum Beispiel Professor Friedrich Wilhelm Förster, Ossip Kalenter, Richard Katz, Hans Habe. Aber mit Erich Maria Remarque hatte ich den engsten Kontakt. Ich war mit ihm absolut befreundet.

Frage: Erich Maria Remarque hatte nach Ende des Faschismus in Deutschland Entschädigungsansprüche geltend gemacht. Sie haben ihn in dieser Sache vertreten. Wie war das genau? Um welche Summen ging es dabei?

Kempner: Die Entschädigungsgesetzgebung aus den 50er Jahren – das fing so 1953 an. Remarque kam zu mir, um seine Entschädigungsansprüche geltend zu machen. Er war übrigens 1938 von Hitler ausgebürgert worden. Wir haben darüber gesprochen. Ich fragte ihn: „Was haben Sie verloren?" Remarque: „Ich hab' mein Auto verloren!" „Hören Sie doch auf mit dem Auto. Darüber wollen wir doch gar nicht reden. Was haben Sie wirklich verloren?" fragte ich ihn, „Sie haben doch ihre Existenz verloren!" Ich hab' mit ihm das durchgepaukt. Der Fall war aus folgendem Grunde schwierig: Verloren hatte er in Deutschland durch Beschlagnahmung seiner Bücher natürlich den ganzen deutschen Markt und auch den Markt der besetzten Länder. Sein Buch „Im Westen nichts Neues" ist 1933 beschlagnahmt und eingezogen worden. Über 25.000 Exemplare. Wie bewertet man das? Es waren ja nicht nur die Bücher allein. Die ganzen Lizenzen wurden kaputt gemacht, und es wurde auch versucht, im Ausland seine ganzen amerikanischen Sachen zu grapschen und zu stehlen. Und dann war da eine weitere Schwierigkeit: Die Entschädigungs-Höchstsumme betrug 75.000 Mark für solche Vermögensschäden. Ich mußte mit dem Entschädigungsamt in Berlin darum kämpfen. Die haben sich jedoch zunächst komisch benommen. Die wollten wissen, wie hoch außerdem der berufliche Schaden sei, der entstanden war. Einer der Beamten hat mir gesagt: „Das liest heute doch kein Mensch mehr!" Ich mußte also zu dem damaligen Entschädigungschef selbst und zu dem damaligen regierenden Bürgermeister gehen, um denen mitzuteilen, was für'ne blöde Ansicht die Leute haben. Dann wurde die Sache sehr schnell erledigt. Remarque bekam schließlich seine 75.000 Mark. Es gab aber noch ein paar Sachen, die Remarque verloren hatte. Er hing wirklich furchtbar an seinem Auto und meinte deshalb, er müsse noch mehr Entschädigung bekommen. Aber mehr als 75.000 Mark waren eben nicht zu kriegen!

Es gibt auch einen Entschädigungsgrund, der heißt Berufsschaden. Das erste war ja Eigentumsschaden. Hatte Remarque einen Berufsschaden gehabt? Natürlich, einen gewaltigen! In den entsprechenden Paragraphen steht, daß ein Berufsschaden nicht gewährt wird, wenn der Betreffende eine gleiche soziale Stellung wiedererlangt hat. Wenn er nix wieder geschrieben hätte, wenn er nicht in Amerika dies und jenes verdient hätte – aus, dein treuer Vater! Außerdem, als die Sache anfing, mit den Entschädigungen, da erfuhr ich eine schlimme Sache, eine juristisch gefährliche Sache. Remarque mußte nach den Paragraphen nämlich vom Naziregime ab Januar 1933 geschädigt worden sein. Er lebte aber seit 1932 vorübergehend in der Schweiz. Denn da fing die Hetze gegen ihn schon an. Und da ist es mir gelungen, polizeilich festzustellen, daß die endgültige Auswanderung erst 1933 stattgefunden hat. Und ich konnte mit Recht behaupten, wenn die Nazis nicht gekommen wären, wäre er natürlich wieder nach Berlin zurückgekehrt. Sie sehen, wie kompliziert die Sachen sind, und daß man – ganz bescheiden gesagt – eine ungeheure Erfahrung haben muß.

Frage: Haben Sie bei anderen Schriftstellern Entschädigungsleistungen erreichen können?

Kempner: Ich hatte nur zwei vergleichbare andere Fälle, also Leute, die sich schon vor dem 30. Januar 1933 vorsichtshalber vorübergehend entfernt hatten, bei denen ich Entschädigung erreichen konnte.

Da war ein ganz krasser Fall, der bekannte Pazifist Professor Friedrich Wilhelm Förster, der 1923 in die Schweiz ging. In diesem Fall mußten wir bis nach Karlsruhe gehen. Dort wurde zugunsten dieses Mannes entschieden.

Frage: Remarque wollte nach Kriegsende nicht wieder nach Deutschland zurück. Sie, Herr Dr. Kempner, ließen sich nach den Nürnberger Prozessen 1951 als Anwalt in Frankfurt nieder, ohne die deutsche Staatsbürgerschaft zurückzufordern. Warum das?

Kempner: Ja, das war so. Nach dem Kriege, die Nürnberger Prozesse waren zu Ende, ging ich zurück nach Amerika. Dann kam ich wieder, weil mein Sohn in Deutschland stationiert war. Ich hatte in dieser Zeit laufend mit der hessischen und anderen Regierungen zu tun. Da fragte mich der Ministerpräsident von Hessen, Georg August Zinn: „Warum lassen Sie sich bei uns nicht als Anwalt nieder. Wir haben sehr viele schwierige Sachen zwischen Deutschen und Amerikanern zu regeln, und da würden wir es sehr begrüßen, wenn auf hessischer Seite für uns jemand verhandeln könnte, der die Sache versteht."

Ich habe dann beantragt, meine Zulassung als Anwalt zu erhalten. Und da hatte man zunächst behauptet: „Du bist ja Amerikaner. Dich können wir hier ja gar nicht zulassen!" Und da sagte ich: „Wo steht denn das geschrieben?" Da haben die geguckt und nichts gefunden. Voraussetzung für die Zulassung als Anwalt ist nämlich, daß man sein Gerichtsassessor-Examen in Deutschland gemacht hat und damit ist Schluß. Dann gab es ein sehr energisches Telefongespräch von höchster Stelle. Dann war das in einer halben Stunde erledigt. Dadurch kam ich als Anwalt nach Frankfurt – ohne die deutsche Staatsangehörigkeit. Nun fragen Sie, warum ich nicht wieder die deutsche Staatsangehörigkeit angenommen habe. Sehen Sie, ich war 38 Jahre deutscher Staatsangehöriger, richtiger gesagt, preußischer Staatsangehöriger. Ich war 6/7 Jahre staatenlos, dann von Hitler 1938 als Anti-Nazi ausgebürgert, ich bin seit über 40 Jahren amerikanischer Staatsangehöriger und bin im amerikanischen Staatsdienst gewesen, ebenso meine verstorbene Frau. Der eine Sohn war amerikanischer Soldat. Der andere Sohn war jahrelang bei den amerikanischen Fliegern. Ich gehöre seit 40 Jahren einfach dazu und das wechselt man nicht wie einen dreckigen Handschuh! Außerdem bin ich dort sehr gut aufgenommen worden, hatte hohe Stellungen – warum sollte ich da die amerikanische Staatsbürgerschaft wieder ablegen?

Und dann noch eine andere Sache, die bei Remarque auch eine Rolle gespielt hat, wenn ich zwischendurch noch einmal auf Remarque kommen darf. Remarque ist etwas bedrängt worden, er solle wieder die deutsche Staatsangehörigkeit annehmen, dann wäre es leichter für die deutsche Regierung in Bonn, ihn mit einem Bundesverdienstkreuz auszuzeichnen. Diese Zumutung paßte ihm nicht und er stellte sich auf den Standpunkt: Ich bin ohne Antrag ausgebürgert worden, wenn die Leute wollen, sollen sie mich deshalb auch ohne Antrag wieder einbürgern. Außerdem hätte er möglicherweise die amerikanische Staatsbürgerschaft verloren, also die Zugehörigkeit zu einem Land, in dem er in den 30er Jahren so rasende Erfolge hatte. Ich fragte gestern zufällig meine Partnerin Jane Lester[1] nach Remarque und Amerika und sie sagte mir: „Der Remarque wurde doch bei uns im Sturm genommen im Jahre 1929/30 – mehr als in Deutschland, wo sich die Nationalsozialisten bereits immer stärker bemerkbar machten."

Frage: Sie bekommen die Ehrendoktorwürde unter anderem für Ihre Autobiographie „Ankläger einer Epoche" verliehen und für den hohen zeitgeschichtlichen Wert dieses Buches. Die Schilderung der Nürnberger Prozesse, Ihre Anklagevertretung und die Beschreibung der Mentalität der Täter machen den Hauptteil dieses Buches aus.

a) Meine erste Teil-Frage lautet:
   Wie kamen Sie zu den Nürnberger Prozessen?

Kempner: Als ich im Herbst 1938 in Nizza war und auf das amerikanische Visum für meine Lehrtätigkeit in USA wartete, las ich im Reichsanzeiger meine Ausbürgerung durch das Hitlerregime. Das waren die Tage des unseligen Münchner Abkommens. Wenige Tage später richtete ich in englischer Sprache ein Schreiben an einen maßgeblichen Beamten des Justizministeriums (Attorney General) in Washington: In absehbarer Zeit wird Hitler einen Krieg in Europa starten. Die USA werden dadurch stark berührt werden. Hitler-Agenten, Spione, Gelder zur Beeinflussung, Probleme einer Fremdenregistrierung, werden auftauchen. Ich bin bereit, meinen Kampf gegen das verbrecherische Regime, den ich seit Mitte der 30er Jahre in Berlin geführt habe, in USA wieder aufzunehmen. Nach meiner Einwanderung setzte man sich mit mir in Verbindung, bald wurde ich als Sachverständiger zu verschiedenen Prozessen zugezogen. Diese Tätigkeit verstärkte sich immer mehr und nahm mich besonders nach dem Überfall auf Pearl Harbor im Dezember 1941 in Anspruch. Die Forderung der überfallenen Länder nach Bestrafung der Kriegsverbrecher wurde immer stärker. Bereits nach 1943 wurde ich beauftragt, Entwürfe zu einer Anklage gegen Hermann Göring, den Innenminister Wilhelm Frick – der mich ausgebürgert hatte – und andere Naziverbrecher vorzubereiten. Ich hatte viel Material gesammelt. Selbstverständlich stellten sich durch das Auffinden amtlicher deutscher Dokumente nach der Besatzung im Mai 1945 noch viel schrecklichere Verbrechen heraus. Göring, der von dem Liebhaber seiner Mutter, Sohn eines Berliner jüdischen Häusermaklers, jahrelang erzogen worden war, hatte am 31. Juli 1941 die „Endlösung der Judenfrage" eingeleitet.

Ich war in all den Vorjahren geradezu in die kommenden Nürnberger Prozesse hineingewachsen. In aller Bescheidenheit darf ich erwähnen, daß in USA kein Sachverständiger vorhanden war, für den die Bekämpfung des Hitler-Regimes seit seiner Tätigkeit als Justitiar der Polizeiabteilung im Preußischen Innenministerium eine Lebensaufgabe war. Attorney General und Secretary of War beorderten mich im Frühsommer 1945 für mehrere Monate in den Nürnberger Anklagestab. Die Prozesse dauerten dann aber bis 1950! Ich verhehle nicht, daß ich auf die

Anerkennung meiner Arbeit durch alliierte Regierungen und deutsche Stellen stolz bin.

Frage: b) Die zweite Teilfrage dazu:
Sie schreiben immer wieder, daß von den tausenden der Täter des deutschen Faschismus nur wenige in Nürnberg und in den späteren deutschen Prozessen abgeurteilt werden konnten. Können Sie etwas zu den Gründen sagen?

Kempner: Das größte Hindernis war zweifellos, daß die Justiz so einem riesigen Komplex einfach nicht gewachsen war. Ein weiterer Grund ist in dem Korea-Krieg zu sehen. Deutsche Betriebe lieferten damals technisches Material, das für den Korea-Krieg notwendig war. Es folgten der Aufruf des US-Außenministeriums in Stuttgart nach Versöhnung, Freundschaft, sowie der Marshallplan, der bessere Beziehungen schaffen sollte. Dann kam ein ungeheurer Druck des Bundesparlamentes durch acht ausgewählte Abgeordnete der vier Parteien, die im Januar 1951 zu Hochkommissar John J. McCloy nach Frankfurt fuhren und dort zunächst die Todesurteile – 23 waren im Ganzen hingerichtet worden – die noch nicht vollstreckt waren, in lebenslänglich umgewandelt haben wollten, aber auch darauf drangen, daß überhaupt diese Leute – Massenmörder meistens – freigelassen werden. Im Laufe der 50er Jahre sind dann alle rausgekommen. Abgesehen von den Spandauer Häftlingen – das war eine Extra-Sache. Nun stellen Sie sich vor, was das für Folgen für die deutsche Justiz hat – die unausgesprochenen Folgen, die moralischen Folgen.

Ein Beispiel: Da kommt ein gewisser Veesenmeyer, der war sozusagen der „Zar von Ungarn". 20 Jahre hatte er bei uns bekommen, wurde aber in den 50er Jahren schon wieder freigelassen, und sagt zu den deutschen Richtern: „Hier bin ich!" Er wurde 20 Jahre später als Zeuge im Auschwitz-Prozeß von der Verteidigung geladen. Auf der Anklagebank aber sitzen sogenannte kleinere Leute. Also der eine, der für hunderttausende Deportationen verantwortlich ist, der läuft frei rum und andere sitzen nach 20 oder 30 Jahren auf der Anklagebank.

Das Ganze wurde etwas besser, als man endlich in Ludwigsburg die große Zentralstelle zur Verfolgung der Naziverbrechen gegründet hatte. Allmählich haben ja auch die Polen Akten rausgegeben und so zieht sich das über Jahrzehnte hin. Das ist ein Tatbestand, der justizpsychologisch nicht gut ist und für die Politik nicht gut ist.

Frage: Ich denke, die Nichtaburteilung vieler NS-Täter und -Mörder und die weitgehende Nichtaufarbeitung dieser Zeit hatte schwerwiegende Folgen für die Bundesrepublik, die sich bis in die heutige Zeit ziehen. Wie sehen Sie das?

Kempner: Ja, das stimmt, das zieht sich leider bis in die heutige Zeit und ist eine moralische Belastung, wobei wieder folgendes zu bemerken ist: Die Kinder und Enkelkinder jener Generation sind viel aufgeschlossener hinsichtlich dieses Themas. Zu mir kommen sogar oft Söhne von Personen, die ich angeklagt habe. Können Sie sich das vorstellen? Sie fragen mich: „Wie war mein Vater eigentlich?" Ich sage: „Hören Sie, Ihr Vater war Minister unter Hitler. Ich hab' ihn angeklagt.

Warum fragen Sie mich danach?" Antwort: „Ja, der war wenig zu Hause, der war im Krieg immer weg und ich möchte mal wissen, wie das wirklich war. Können Sie mir die Wahrheit erzählen?" Und da hab' ich manchmal gesagt: „Hören Sie, das kann ich Ihnen schwer sagen. Über Ihren Vater rede ich ungern. Das ist sehr schwierig." Sollte ich ihm die Wahrheit sagen? Das war ein ganz gemeiner Mörder? Die Söhne von meinen Leuten gehören ja jetzt auch der älteren Generation an.

Frage: Sie sprechen in Ihrem Buch auch von der Verantwortung der Universitäten dafür, daß in unserem Land keine genügende Aufklärung stattfand.

Kempner: Die Fälle sind da sehr verschieden. Zunächst haben wir da doch die Gruppen der Hochschullehrer, bei denen die Sache ganz dick lag – also die Nazisachen. Na schön, die sind weg! Dann gab es doch aber auch eine Anzahl schräger Vögel, die sich durchgemogelt haben vor allerhand Kommissionen. Und die amerikanischen Stellen, die dafür nach dem Kriege eingerichtet wurden, die mußten sich durch die Schwindeleien solcher schrägen Vögel durchkämpfen, und das hat oft sehr geschadet. Die sind erst in der weiteren Generation verschwunden. Bei einigen Universitäten ist das ein gutes, bei anderen ein schlechtes Kapitel. Erst mit der Zeit kann sich eine wirkliche Aufklärung durchsetzen. Dazu gehören weitere Veröffentlichungen von Mord-Dokumenten.

Frage: In Ihrem Buch steht ein Satz, mit dem ich Schwierigkeiten habe. Ich zitiere: „Die Sache war doch nicht so, daß eine große Menge der Bevölkerung etwa für diese Verbrecher war und verhindern wollte, daß sie bestraft werden. Man war aber auch nicht d a f ü r , weil man keine Ahnung davon besaß, was sich zugetragen hatte und nicht eben versessen darauf war, es zu erfahren." (S. 411) Hat man wirklich keine Ahnung davon gehabt, was sich während des Faschismus zugetragen hatte?

Kempner: Nein, das hab' ich so auf keinen Fall gemeint. Eine ungeheuer große Anzahl von Menschen wußte, daß etwas Furchtbares vor sich ging. Sie bekam das von Verwandten, Soldaten etc. zu wissen. Es gab sogar Bilder von furchtbaren Sachen, die in Polen stattgefunden haben. Und es gab ja noch mehr Hinweise: Die jüdischen Nachbarn verschwanden plötzlich. Im „Angriff" und im „Völkischen Beobachter" stand, was der Freisler im Volksgerichtshof wieder angerichtet hatte. Wenn die Mehrheit auch nicht Einzelheiten wußte, so war doch die ganze Richtung den Menschen bekannt. Auch daß die Juden deportiert und massenhaft umgebracht wurden, wußten Tausende und Abertausende. Außerdem hatten die Leute vielfach den britischen Sender gehört. Sie wußten oft keine Einzelheiten. Aber sie wußten, daß die Leute verschwanden. Und ich habe oft meinen Herren Angeklagten gesagt: „Sie haben eben behauptet: Wir wußten nicht, daß die Leute im Osten getötet wurden. Haben Sie denn gedacht, die gehen nach dem Sanatorium Bühler Höhe in Baden?" Ich stehe absolut auf dem Standpunkt, daß eine riesengroße Anzahl von Menschen das gewußt haben. Nun ist der Ausdruck 'wissen' sehr weitgehend: Genaues Wissen, Gerüchte etc. Wer wissen wollte, wußte!

Frage: Auch in heutiger Zeit sind Vorkommnisse zu verzeichnen, die Anlaß zu empörten Gegenreaktionen geben: Da trifft sich Bundeskanzler Kohl mit dem amerikanischen Präsidenten Reagan auf dem Soldatenfriedhof in Bitburg, wo auch SS-Leute begraben liegen; ein Bürgermeister eines bundesdeutschen Städtchens läßt während einer Sitzung den Satz fallen, man müsse erst einen reichen Juden erschlagen, um das Haushaltssäckel füllen zu können; ein CSU-Abgeordneter äußert sich antisemitisch in Bezug auf Entschädigungsforderungen ehemaliger jüdischer Zwangsarbeiter usw. – Wie schätzen Sie das ein? Sind das Bagatellfälle?

Kempner: Die Bitburg-Sache war eigentlich besonders traurig und ärgerlich. Zunächst war ja beabsichtigt worden, daß Präsident Reagan zu gleicher Zeit nach Dachau gehen soll. Das ist fallengelassen worden aus irgendeinem Grunde. Die Hintergründe sind nie klar geworden. Sobald ich das erfuhr, habe ich mich mit Präsident Reagan telegrafisch in Verbindung gesetzt und die Meinung vertreten, wenn schon Bitburg, dann mindestens auch ein KZ. Und da hat er sofort geantwortet: Wir werden was aussuchen und er hat ja dann in Bergen-Belsen gesprochen.

Bei all diesen Vorfällen sage ich: Die Polizei bzw. die Justiz ist nicht scharf genug. Die Leute, die sich antisemitisch äußern, müssen genau beobachtet werden. Das alles sind vorläufig noch Ausnahmefälle. Nun hat ja der Bürgermeister Graf Spee etwas sehr Interessantes gemacht: Er hat ungefähr 100.000 Mark gestiftet als eine Art Bußgeld.

Frage: Zurück noch einmal zu Ihrem Lebensweg!

Kempner: Auch das noch!

Frage: In Ihrer Autobiographie steht leider nicht viel über Ihr Engagement als Anwalt in Frankfurt in den letzten Jahrzehnten. Sie haben sich für die Entschädigung ehemaliger jüdischer Zwangsarbeiter von Flick eingesetzt, nachdem die Deutsche Bank Anteile des Konzern gekauft hatte. Sie hatten mit den Entschädigungsforderungen Erfolg. Können Sie darüber noch etwas genauer berichten? Was haben Sie für die Opfer des Faschismus noch erreicht?

Kempner: Die Sache mit Flick, Dynamit Nobel und der Deutschen Bank war folgendermaßen: Vor Jahrzehnten hatten Krupp, IG-Farben und verschiedene andere für die Zwangsarbeiter was gegeben – nach langen Verhandlungen mit der jüdischen Dachorganisation Claims Conference. Das ist ja bekannt. Flick war bereit, zu unterschreiben, ist dann aber plötzlich zurückgetreten. Nun las ich in der Zeitung, daß die Deutsche Bank die ganze Flick-Sache und Dynamit-Nobel übernimmt und da hab' ich am 13. Dezember 1985 an die Deutsche Bank geschrieben: „Sie können doch nicht Geld übernehmen, das mit Blut belastet ist!" Vier Wochen später wurde ich angerufen und mir wurde gesagt: „Wir, die Deutsche Bank, zahlen an die Claims Conference 5 Millionen Mark. Das wurde durchgeführt innerhalb von wenigen Tagen. 20 Jahre lang oder mehr hatte sich niemand darum gekümmert. Ich will den Herren keine Vorwürfe machen, die das zu verantworten haben. Später sind sie bei mir hinten auf den Wagen gesprungen. Das hat zur Folge, daß jetzt das Bundesparlament über andere solche Fälle berät. Folgendes ist dabei zu beachten: Sehr viele von den Zwangsarbeitern für die niemals, niemals bei der Altersversicherung eingezahlt wurde, die stehen ohne – ich gebrauche jetzt das englische Wort – ohne social security da. Nur für einen geringen Teil ist einbezahlt worden. Zum Beispiel für die, die unter „arischen" Namen bei Bauern in Deutschland beschäftigt waren. Da hat oft der Landwirt einbezahlt. Die sind dort wie gewöhnliche Fremdarbeiter behandelt worden. Und darüber wird jetzt beraten. Ich kriege da täglich Anfragen. Sonst habe ich bei den Entschädigungssachen viele exilierte Universitätsprofessoren vertreten. Auch viele schwierige Fälle mit sogenannten Halbjuden waren dabei. Außer den Universitätsprofessoren waren es Beamte, die rausgeschmissen worden waren. Ich gedenke auch meines verstorbenen Freundes, Herbert Weichmann, der einstigen rechten Hand des sozialdemokratischen Preussischen Ministerpräsidenten Otto Braun. Weichmann wurde nach seiner Rückkehr aus USA der hochgeschätzte Bürgermeister von Hamburg.

Frage: Sind Sie jetzt auch noch als Anwalt tätig?

Kempner: Ja. Den größten Kummer machen mir Gesundheitsschäden als Folge des KZ-Aufenthaltes. Da wird ja versucht, die schweren KZ-Schäden als „anlagebedingt" zu charakterisieren und Zahlung zu verweigern. Aber meine Tätigkeit erstreckt sich auch auf internationale Rechtsfälle, bei denen ich von Regierungen um Rat gefragt werde.

Frage: Einer der letzten großen Prozesse, die den Faschismus betreffen, war in der Bundesrepublik der Thälmann-Prozeß. Was wissen Sie davon? Warum wurde der Mittäter Otto für den Mord an dem deutschen KPD-Führer Thälmann erst so spät verurteilt?

Kempner: Mir wurde vor drei Jahren von der Tochter Thälmanns geschrieben durch einen anderen Anwalt aus der DDR, ich möchte doch als Nebenkläger in der Mord-Sache Thälmann tätig werden. Man wolle die Sache aufrollen. Ich habe mir das lange hin und her überlegt und hab' dann geschrieben, daß es mir sehr leid täte, aber es sei mir zuviel, mich wochenlang bei dem Gericht in Krefeld aufhalten zu müssen. Sie möchten sich an den mir bekannten und geschätzten Rechtsanwalt Heinrich Hannover wenden. Diese Sache ist in früherer Zeit schon mal schief gelaufen. Das Verfahren war eingestellt worden und hängt mit folgendem zusammen: Einige Leute, die das zu bearbeiten hatten, haben offenbar nicht begriffen, welche Rolle der Angeschuldigte bei diesem Mord im KZ Buchenwald gespielt hat. Nach meiner Ansicht kommt er sehr nahe an den Zustand eines Mittäters heran. Er ist jetzt wegen Beihilfe verurteilt worden. Der eine holt die Munition, der andere schießt, der dritte notiert! Im Fall Thälmann haben sich die Richter in Krefeld sehr sachlich und tapfer verhalten. Sie haben trotz juristischer Bedenken von Staatsanwalt und Nebenkläger – die Freispruch beantragt hatten – den Angeklagten verurteilt.

Frage: Eine letzte Frage, Herr Kempner. In Osnabrück sind in den letzten Jahren viele Projekte ins Leben gerufen worden, die sich mit der Aufarbeitung von Nationalsozialismus und Exil beschäftigen. So haben wir hier in Osnabrück eine Erich-Maria-Remarque-Dokumentationsstelle und Leute, die über den in Auschwitz vergasten jüdischen Maler Felix Nußbaum einen Kunstband herausgegeben haben. Im Jahre 1983 fand in Osnabrück ein großer Exilkongreß statt und nun wurde hier die Guernica-Gesellschaft gegründet, die sich auf Leben und Werk exilierter und vom Faschismus verfolgter bildender Künstler konzentriert. – Das sind alles sehr hoffnungsvolle Ansätze, die offensichtlich aber erst sehr spät möglich geworden sind.

Kempner: Das sind außerordentlich hoffnungsvolle Anzeichen. Daß das so spät erfolgt, ist eine merkwürdige Tatsache, liegt aber in dem Generationswechsel. Jeder zweite oder dritte der Leute von damals hat einen Verwandten, der am Nationalsozialismus beteiligt war und hält infolgedessen die Schnauze! Das sind menschliche Gründe. „Holocaust" und andere Dinge haben die Sache hochgebracht – zeitlich gesehen.

[1] Jane Lester ist Mitarbeiterin von Robert M.W. Kempner seit den Nürnberger Prozessen, bei denen sie als Dolmetscherin tätig war.

DEUTSCHE BUNDESPOST

TELEGRAMM

Name der Aufgabetelegraphenstelle · Wortzahl · Aufgabetag · Uhrzeit

aus WIEN/TEL 67/56 28 1023

Gebpfl. Dienstvermerke

LX
Anschrift

UNIVERSITAET OSNABRUECK

FACHBEREICH SPRACHE LITERATUR MEDIEN

NEUER GRABEN 40

(4500) OSNABRUECK

MEINE ALLERHERZLICHSTEN GLUECKWUENSCHE FUER PROF. DR. ROBERT KEMPNER
ZUR VERLEIHUNG DES EHRENDOKTORATES STOP. WIR ALLE SIND STOLZ AUF
IHN UND WUENSCHEN IHM NOCH VIELE, GUTE JAHRE STOP. WIR BEGLUECK-
WUENSCHEN AUCH DIE UNIVERSITAET OSNABRUECK ZU IHRER ENTSCHEIDUNG,
DR. KEMPNER MIT DER EHRENDOKTORWUERDE AUSZUZEICHNEN STOP.

                                              SIMON WIESENTHAL

kurzbiographie

17.10.1899 geb.:	Freiburg/Breisgau	
Vater:	Sanitätsrat Dr. med. Walter Kempner, Hygieniker	**robert**
Mutter:	Prof. Dr. Lydia Kempner, geb. Rabinowitsch Bakteriologin (erster weibl. Prof. in Preußen)	**m. w. kempner**
verh.:	Benedicta Maria, geb. Hahn, 2 Söhne	
Studium:	Univ. Berlin, Breslau, Freiburg (Promotion Dr. jur.)	
1923	Referendar bei Strafverteidiger Dr. Frey	
1926	Gerichtsassessor Berlin	
1928-33	Justitiar Polizeiabteilung, Regierungsrat und Oberregierungsrat im Preußischen Innenministerium; Dozent der Deutschen Hochschule für Politik und des Preußischen Polizei-Instituts; Juristischer Mitarbeiter des Ullstein-Verlages	
1933	entlassen durch H. Göring, später ausgebürgert	
1934-35	Auswanderungsberater, Gestapohaft 1935	
ab 1935	Exil – Italien; Prof. und Dir. Instituto Fiorenze, Florenz	
1938	Nizza	
ab 1.9.39 USA:	Univ. Pennsylvania: Institut für Staats- und Kommunikationswissenschaft; Sonderberater für Internat. Recht und europ. Staats- und Verwaltungskunde beim US-Justiz- und Kriegsministerium; erwirbt US-Staatsbürgerschaft	
1945	Abteilungsleiter des Chefanklägers beim Internationalen Militärtribunal in Nürnberg; Entwurf der Anklageschrift gegen H. Göring; Anklagevertreter gegen Reichsinnenminister Frick	
ab 1947	stellv. US-Hauptankläger im Wilhelm-Straßen-Prozeß (gegen Kabinettsmitglieder, Staatssekretäre, Diplomaten des 3. Reiches wegen Mitwirkung am Holocaust); Gastprofessor an der Univ. Erlangen	
ab 1951	Rechtsanwalt beim Landgericht Frankfurt (Straf-, Zivil- und	

Entschädigungssachen);
Rechtsberater ausländischer Regierungen;
Nebenankläger in zahlreichen Strafprozessen gegen NS-Verbrecher; Sachverständiger im Eichmann-Prozeß

1969	Carl-von-Ossietzky-Medaille
1970	Ehrenbürger der Univ. Jerusalem
1975	Wilhelm-Leuschner-Medaille
1984	Großes Bundesverdienstkreuz

auswahlbibliographie

von
thomas
schneider

I. SELBSTÄNDIGE VERÖFFENTLICHUNGEN

Das Polizeiverwaltungsgesetz vom 1. Juni 1931.
Textausgabe mit Quellenmaterial, kurzen Erläuterungen und Ausführungsbe-
stimmungen. Bearbeitet von Dr. Erich KLAUSENER, Dr. Christian KER-
STIENS, Robert KEMPNER.
Berlin: Recht und Verwaltung C. A. Weller, 1931.

(Pseud.: Eike von Repkow):
Justizdämmerung. Auftakt zum Dritten Reich.
Berlin: Volksfunk, o.J. [1932].

The German National Registration System.
Lansdowne, Pa., 1943.

Die Preußische Bürokratie auf der Anklagebank.
Anklagerede gegen den Angeklagten Wilhelm Frick, gehalten am 16.1.1946 vor
dem Internationalen Militärtribunal in Nürnberg.
Baden-Baden: Arbeitsgemeinschaft „Das Licht", 1946.

Das Urteil im Wilhelmstrassen-Prozeß. Der amtliche Wortlaut im Fall Nr. 11
des Nürnberger Militärtribunals gegen von Weizsäcker und andere, mit abwei-
chender Urteilsbegründung, Berichtigungsbeschlüssen, einem Verzeichnis der
Gerichtspersonen und Zeugen und Einführungen von Dr. Robert M. W. Kempner und Dr. Carl Haensel.
Schwäbisch-Gmünd: Alfons Bürger, 1950.

Eichmann und Komplizen.
Zürich; Stuttgart; Wien: Europa, 1961.

SS im Kreuzverhör.
München: Rütten + Loening, 1964.

Warren Report über die Ermordung des Präsidenten John F. Kennedy. Hg. und
kommentiert von Dr. Robert M. W. Kempner. Vollständige Ausgabe des Berich-
tes. Anhänge in Auszügen.
Köln: Kiepenheuer & Witsch, 1964.

Mitarbeit
An: KEMPNER, Benedicta Maria:
Priester vor Hitlers Tribunalen.
München: Rütten + Loening, 1967.

Edith Stein und Anne Frank. Zwei von Hunderttausend. Die Enthüllungen über die NS-Verbrechen in Holland vor dem Schwurgericht in München. Die Ermordung der „nichtarischen" Mönche und Nonnen.
Freiburg/Br.; Basel; Wien: Herder, 1968 (Herder-Bücherei Bd. 308).

Das Dritte Reich im Kreuzverhör.
München: Rütten + Loening, 1969.

Der verpaßte Nazi-Stopp. Die NSDAP als staats- und republikfeindliche, hochverräterische Verbindung. Preußische Denkschrift von 1930. Hg. und mit einer Einführung von Robert M. W. Kempner.
Frankfurt/M.; Berlin; Wien: Ullstein, 1983 (Ullstein Sachbuch, Ullstein Buch Nr. 34159).

Ankläger einer Epoche. Lebenserinnerungen, in Zusammenarbeit mit Jörg Friedrich.
Frankfurt/M.; Berlin; Wien: Ullstein, 1983.

II. UNSELBSTÄNDIGE VERÖFFENTLICHUNGEN

(Pseud.: Ein Richter)
Justiztagebuch. Das Verbrechen des Konkubinats; Gefängnis für den Vorwurf der Homosexualität.
In: **Tagebuch**, Das (Berlin), 14.11.1925, S. 1697-1698.

(Pseud.: Ein Richter)
Justiztagebuch. Reichsgericht gegen K.P.D.; Fälle aus der Praxis; die K.P.D. muß verboten werden!
In: **Tagebuch**, Das (Berlin), 18.12.1926, S. 1935-1938.

Schadenersatzpflicht der Polizei bei politischen Zusammenstößen.
In: **Polizei**, Die. Zeitschrift für das gesamte Polizeiwesen (Berlin), 27. Jg. (1930), Nr. 14 (20.06.1930), S. 331-334.

Gegen die Todesstrafe.
In: **Justiz**, Die, Bd. V (1930), Heft 11 (August 1930), S. 716-717.

(Pseud.: Procurator)
Zum Hochverratsprozess gegen die Ulmer Reichswehroffiziere.
In: **Justiz**, Die, Bd. VI (1930), Heft 1 (Oktober 1930), S. 62-66.

Preußisches Landbeamtenrecht.
In: **Handbuch des Preußischen Landesrechts.**
Berlin, 1931.

(Pseud.: Procurator)

Aus der Justizverwaltung des „Dritten Reiches".
In: **Justiz, Die**, Bd. VI (1931), Heft 7 (April 1931), S. 396-398.

Who is expatriated by Hitler. An evidence problem in Administration Law.
In: **University of Pennsylvania Law Review**, The, Vol. 90 (1942), No. 7

Übersicht über die Nürnberger Prozesse.
In: **Archiv des Völkerrechts**, Bd. 2 (1950), S. 237-243.

Euthanasie.
Leserbrief in: **Spiegel**, Der, 1964, Nr. 11, S. 5-6.

NS-Todesurteile blieben ungesühnt.
In: **Spiegel**, Der, 1964, Nr. 16, S. 33-35.

Pius und die Deutschen.
Leserbrief in: **Spiegel**, Der, 1964, Nr. 49, S. 7-8.

Der Republikanische Richterbund – eine Kampforganisation für die Weimarer Republik.
In: **Recht und Politik**, 1967, Nr. 4, S. 129-139.

Mord im Gerichtssaal: Ein Kapitel NS-Justiz.
In: **Recht und Politik**, 1968, Nr. 3, S. 95-96.

Felix Fechenbach – ein Märtyrer der Justizgeschichte.
In: **Recht und Politik**, 1969, Nr. 3, S. 102-105.

My Lai und das Völkerstrafrecht.
In: **Zeitschrift für Rechtspolitik**. Beilage zur Neuen juristischen Wochenschrift (München), 3. Jg. (1970), Heft 2, S. 29-30.

25 Jahre Vergangenheitsbewältigung.
In: **Recht und Politik**, 1974, Nr. 3, S. 137-139.

Richterbriefe und Nürnberger Juristenprozess.
In: BOBERACH, Heinz (Hg.):
Richterbriefe. Dokumente zur Beeinflussung der deutschen Rechtsprechung 1942-1944.
Boppard: Harald Boldt, 1975, S. 473-484.

Dramatisierter Super-Shylock.
Lesebrief in: **Spiegel**, Der, 1976, Nr. 18, S. 18-19.
(Zu R. W. Fassbinders Theaterstück „Der Müll, die Stadt und der Tod")

Hitler und die Zerstörung des Hauses Ullstein. Dokumente und Vernehmungen.
In: **Hundert Jahre Ullstein 1877-1977**. Bd. 3.
Berlin: Ullstein, 1977, S. 267-292.

„Reichskristallnacht" ist eine Verniedlichung. Vor 40 Jahren kündigte sich die „Endlösung der Judenfrage" an.
In: **Vorwärts**, 1978, Nr. 45 (09.11.1978), S. 28.

Gedanken zur Verjährungsfrage.
In: **Demokratie und Recht** (Köln), 1979, Nr. 2.

Der Völkermord an den Armeniern.
In: **Recht und Politik**, 1980, Nr. 1, S. 167-169.

Paul Levi entlarvte Fememörder. Rosa Luxemburgs Schicksal wurde sein Lebenswerk.
In: **Vorwärts**, 07.02.1980.

Der Dolch unter der Richterrobe – aus dem Naturschutzpark der Nachkriegsjustiz.
In: **Mahnung**, Die (Berlin), 01.07.1981.

Antisemitismus – Vorstufe zum Judenmord.
In: **Tribüne**. Zeitschrift zum Verständnis des Judentums, 22. Jg. (1983), Heft 88, S. 20-25.

Hermann Göring als Organisator des Reichstagsbrandes und das Wiederaufnahmeverfahren für Marinus van der Lubbe.
In: WASSERBURG, Klaus/Wilhelm HADDENHORST (Hg.):
Wahrheit und Gerechtigkeit im Strafverfahren.
Festgabe für Karl Peters aus Anlaß seines 80n. Geburtstages.
Heidelberg: C. F. Müller, 1984, S. 365-374.

Die Ermordung der „Nutzlosen Esser".
In: **Kritische Justiz** (Baden-Baden: Nomos), 17. Jg. (1984), Heft 3, S. 336-337.

Die Rolle der Emigranten bei der Erlösung der Welt vom Naziterror. Stellungnahme zur Auseinandersetzung um den 8. Mai.
In: **Blätter für Deutsche und Internationale Politik**, 1985, Nr. 3, S. 322.

Ankläger einer Epoche. Interview mit Robert M. W. Kempner.
In: **Uni Osnabrück**, Nr. 2/86 (August 1986), S. 22-25.

(Eine vollständige Bibliographie der Veröffentlichungen Robert M. W. Kempners erscheint demnächst im Selbstverlag der Universität Osnabrück, hg. vom Fachbereich Sprache Literatur Medien.)